知识生产的原创基地
BASE FOR ORIGINAL CREATIVE CONTENT

颉腾商业
JIE TENG BUSINESS

极简
数字化转型

[美] 戴维·加利亚 (David Galea) / 著
王磊 王松 / 译

DIGITAL MADE SIMPLE

PRACTICAL INSIGHTS FOR SUCCESSFUL DIGITAL PROGRAMS

中国工商出版社

责任编辑：张欣然
封面设计：王建敏

图书在版编目（CIP）数据

极简数字化转型 /（美）戴维 · 加利亚著；王磊，王松译． -- 北京：中国工商出版社，2025.1． -- ISBN 978-7-5209-0329-5

Ⅰ． F272.7

中国国家版本馆 CIP 数据核字第 2024XR1318 号

书　　名 / 极简数字化转型
著　　者 /［美］戴维 · 加利亚
译　　者 / 王磊　王松译

出版 . 发行 / 中国工商出版社
经销 / 新华书店
印刷 / 涿州市京南印刷厂
开本 / 880 毫米 × 1230 毫米　1/32　**印张** / 6　**字数** / 129 千字
版本 / 2025 年 1 月第 1 版　2025 年 1 月第 1 次印刷

社址 / 北京市丰台区丰台东路 58 号人才大厦 7 层（100071）
电话 /（010）63730074，63783283　**电子邮箱** / fx63730074@163.com

书号：ISBN 978-7-5209-0329-5
定价：59.00 元

献给我的妻子瑞蒂安（Ritienne）、我的孩子托马斯（Thomas）
和朱利安（Julian），你们是我生命中最重要的人。
你们是我的支柱。

献给我的父亲，您开启了那么多精彩的旅程，却因为过早离世而
无法完成。
您塑造了我的价值观。

献给我的母亲，我曾一度以为要失去您，但您最终战胜了死神。
您教会了我坚持。

献给我的岳母，您以微笑战胜了癌症和新冠病毒。
无论发生什么，您都会向我展示生命的美丽。

献给我的岳父，您的沉默胜过千言万语。
通过您，我学会了简单和谦逊的品质。

赞誉

Praise

这本出色的书展示了如何围绕人员、业务和开放性塑造数字化转型，并且绘制了组织在这些动荡时期需要采取的数字化旅程路线图。

——菲利普·米卡勒夫（Philip Micallef）

百慕大监管局、马耳他航空和马耳他电信公司前首席执行官

这本书捕捉到了数字化、创新和转型举措中真正重要的本质——从始至终。每一章都涵盖了一个重要的方面，而生动有趣的案例则说明了成功与失败之间的区别。戴维以简单而务实的方式将自己长期积累的丰富经验与其他模型、理论及案例相结合，并以易于理解的方式进行了描述，这些都会给读者留下深刻印象。我强烈推荐经验丰富的专业人士和渴望学习的新手阅读本书，主要是因为它对洞察和经验进行的结构化提炼很容易转化为实际应用。

——拉格纳·阿格内利（Ragnar Agnell）

管理咨询公司 Centigo UK 合伙人

在我个人转型的过程中，我发现了戴维的这本书，并惊讶于个人改变与组织数字化转型之间的相似之处。戴维不仅教给我很多新知识，还巧妙地解码了一些我之前无法理解的“可怕的技术概念”。他 25 年的行业经验在书的每一页中都有所体现。为了保证愉快的阅读体验，戴维还添加了富有洞察力的案例和非常有趣的个人故事。这些不仅让我开怀大笑，还让我更好地了解了戴维这个人。

——**娜塔莉亚·维霍夫斯基**（Natalia Wiechowski）

《领英个人品牌建设：娜塔莉亚思考方法》的作者，

2022 年《福布斯》评选的中东地区十大商业人物之一

我发现这本书非常实用，它提供了关于如何避免陷阱的独特见解和引人深思的建议。对于即将领导或积极参与战略性数字化转型项目的高管来说，这是一本必读之作。

——**肯尼斯·法鲁贾**（Kenneth Farrugia）

马耳他瓦莱塔银行首席执行官

推荐序

Foreword

大道至简，驶上数字化变革的快车道

在这个数字化时代，我们见证了技术的飞速发展和商业模式的深刻变革。各种类型的数字化转型项目正在我国各行各业轰轰烈烈地开展，并且深受各类组织最高领导者的重视。然而，数字化转型项目的开展过程却异常艰辛，需要面对目标模糊、需求不断变化、项目利益相关方复杂且目标不一致、用户不愿改变习惯、项目价值难以衡量、项目资源严重不足等诸多挑战，并需要在探索和试错中逐步明晰最适合企业未来环境的业务模式。因此，各类组织的管理层和数字化项目团队都亟须一套行之有效的数字化转型项目管理方法。

本书由知名数字化转型专家戴维·加利亚所著，经王磊和王松两位老师精心翻译，不仅为我们提供了关于数字化转型的全新视角，而且提供了实用的方法论，帮助我们在这场转型变革中找到方向。它不仅为我们描绘了组织在动荡时期需要采取的数字化旅程路线图，还捕捉到了数字化、创新和转型举措中的内核。每一章都涵盖了一个重要的方面，生动有趣的案例则说明了成功与失败之间的区别。作者以简单务实的方式将自己长期积累的丰富经验与模型、理论及案例相结合，并以易于理解的方式进行了描述，这些都会给读者留下深刻印象。

本书有如下几个突出的特点。

（1）**理论与实践案例相结合**：本书不仅提供了理论框架，还结合作者25年的行业经验，提供了丰富的案例分析，使得理论与实践相结合，易于读者理解和应用。

（2）**结构化的转型路径**：作者提出了一个清晰的数字化转型框架，包括拥抱数字化正念、构建敏捷数字化战略和实施平衡的数字化转型议程三个步骤，为读者提供了一条清晰的转型路径。

（3）**人本化的视角**：与许多技术导向的数字化转型书籍不同，本书将人置于核心位置，强调了在数字化转型中理解和管理人的因素的重要性。

（4）**应对混沌的能力**：在数字化转型中，面对混沌是不可避免的。本书旨在引导读者拥抱混沌，将其转化为机遇，而不是被其打败。

（5）**战略与执行的平衡**：本书不仅讨论了数字化转型的战略层面，还深入探讨了如何执行这些战略，包括如何选择合适的技术、如何管理变革进程等。

在当下数字化转型的浪潮中，没有任何一个组织能够置身事外。本书不仅为我们提供了一盏指路明灯，还为我们提供了一张航海图，帮助我们在这场变革中找到方向，避免触礁，最终抵达成功的彼岸。无论是对于寻求数字化转型的企业，还是对于希望在这一领域取得突破的个人，这本书都是不可多得的宝贵资源。

强烈推荐所有在数字化时代寻求进步和变革的读者读读本书。让我们一起拥抱数字化转型，创造更美好的未来。

肖杨

国际知名组织级项目管理专家

微薄之力（北京）管理咨询有限公司创始人

SAC/TC343 全国项目管理标准化技术委员会副秘书长

译者序
Preface

化繁为简，开启数字化转型智慧之旅

当今时代，科技日新月异、数字重塑世界，数字化转型已然成为各行各业谋求生存与发展的必由之路。然而，这一过程绝非易事，其涉及繁杂的技术应用、多元的管理策略及多变的业务模式，犹如一片迷雾重重的浩瀚海洋，让众多探索者既满怀期待，又深感迷茫。

正是在这样的背景下，本书宛如一座闪耀的灯塔，以其独特的“化繁为简”理念，照亮了我们前行的道路，引领我们开启一段充满智慧的数字化转型之旅。我和王松老师有幸成为本书译者，成为读者数字化转型之旅的“导游”。下面请跟随我们的脚步，一起穿越数字化转型的层层迷雾。

数字化转型，真信、真干，才能真成。数字化转型需要“拥抱数字化正念”，直面数字化浪潮下那看似令人无所适从的混沌，因为混沌背后实则蕴藏无限可能。我们要制定行之有效的策略，从容应对未来可能出现的各种变数。同时，我们要静下心来，明晰自己当下所处的位置，审慎地思考前进目标与前行路径。

凡事预则立，不预则废。数字化转型需要“构建敏捷数字化战略”，科学且巧妙地规划数字化征途，为转型之旅打造坚实的航海图。创设灵活路径与变革进程、打造知识型组织及加速决策流程等内容，如同战船的各个关键部件，从思维模式的更新到组织架构的优化，再到决策效率的提升等多个层面，为数字化转型的高效实施提供了全方位的保障。

一幅蓝图绘到底，撸起袖子加油干。只有“实施平衡的数字化转型议程”，我们才能真正踏上数字化转型的实践之路，将美好的数字化愿景一步一个脚印地在现实中落地生根。通过重塑商业模式，筑牢竞争优势，让数字化力量实实在在地转化为企业发展的强劲动力。同时，要格外注意数字化转型绝不是“独角戏”，需要协同各利益相关方，大家齐心协力地推动整个转型过程顺利进行。

此外，关于如何找到合适的技术这一关键环节，本书为我们提供了极具指导性和操作性的方法，确保我们在技术的选择与应用上能够精准发力，让数字化转型借助合适的技术东风，稳稳驶向成功的彼岸。

本书最难能可贵之处，就在于它真正做到了化繁为简。尽管数字化转型本身是一个涵盖众多复杂概念、高深技术及精细管理理念的庞大课题，但作者凭借良好的专业素养和深厚的文字功底，巧妙地运用简洁明了的语言、条理清晰的结构，将这些纷繁复杂的内容深入浅出地展现出来。

无论是刚刚踏入数字化领域、怀揣好奇与憧憬的新手，还是已经在数字化转型道路上摸爬滚打、渴望进一步突破提升的从业者，都能轻松地读懂书中的内容，并从中汲取到贴合自身实际、富有价值的思路和方法。

在翻译过程中，我们深切体会到这本书的实用价值和指导意义。数字化转型的浪潮浩浩荡荡，每个人、每个企业或组织都如同航行在这片汪洋中的船只，都在努力摸索着适合自己的方向和路径。本书就像一本珍贵的航海手册，它能够帮助我们拨开重重迷雾，避开暗礁险滩，更加高效地应对转型中遇到的各种难题，助力我们实现业务的创新与升级，在数字时代的浪潮中找准自己的航道，驶向更加美好的未来。

我们由衷地希望，读者能够领略到这本书的独特魅力，并且能够将书中蕴含的智慧运用到实际的数字化转型工作中。愿读者都能借助正念力量，在数字化的世界里披荆斩棘、砥砺前行，开启一段精彩纷呈、收获满满的智慧之旅。

最后，感谢读者对本书的关注与支持，相信它一定会成为你们数字化转型项目管理之路上的得力伙伴。

王磊

目录
Contents

引言

Introduction

转型具有多面性。它回望着你，笑容魅惑，歌声悦耳，散发魅力，也许还有尚未言说的财富承诺。我对转型的吸引力及其在个人生活和商业中的持久影响并不陌生。对我来说，没有什么比帮助组织和个人创造更好的社会和更好的世界、书写自己的历史更令人心满意足了。

然而，转型也有其阴暗的一面——这通常被忽视。它可能是由痛苦或损失引发的。此外，它还可能是痛苦和损失的直接诱因。无论哪种情况，如果管理不善，转型都可能导致悲惨的失败。

就个人而言，我已经历了几个转型周期，大多数都是无比珍贵的。丈夫、自豪的父亲、房主和企业家——生活中我还能再有什么奢望呢？然而，正是两个痛彻心扉的事件促成了我最深刻的内在转型。

第一个是我经历过的前所未有的重大冲击。在毕业前几个月，我无助地看着父亲被绝症夺走了生命。当他慢慢被病魔吞噬时，我麻木了。我能感觉到的只是无法抑制的愤怒，我就像一只想要撕裂笼子、向囚禁它的人怒吼并猛烈攻击的狮子。

相反，我把愤怒当作正能量的源泉，在我从一个涉世未深、养尊处优的学生，转变为一个下定决心要迅速攀登职业阶梯的勤奋的成年人时，做出了脱胎换骨的改变。然而，旅程并不顺利，几次跌倒之后，我合理引导了我的愤怒，让我能够站起来，并坚持到成功。

第二个创伤的经历仍然历历在目，祸不单行，一系列痛苦事件连续发生。经过多年的艰苦努力，我成功经营了一家企业，赢得了同事、客户和同行的信任与尊重。但随着我的健康状况突然恶化，我惊恐地看着企业在我眼前崩塌。我不得不屈服于压力，告知我的同事和客户另寻他处。雪上加霜的是，在我生命中最脆弱的时刻，我陷入了激烈的政治旋涡中，成为公众批评的焦点。

这个漫长而痛苦的故事与本书的主题无关。简而言之，在我努力保持头脑清醒的时候，我树立了新的愿景，这逐渐让我从身体疾病、债务压力和声誉受损的困境中走了出来，过上了幸福、自我实现和心满意足的生活。通过专注于我最擅长的事情，我能够帮助其他人实现他们组织的转型。

对我来说，转型本质上就是引导组织改善它们对社会和环境的影响，最终创造财富。随着时间的推移，创造财富的手段发生了巨大变化，从土地所有权到资本主义和工业化的崛起，再到知识和创新。技术已经释放了算法的力量，使获取知识和价值成为新的黄金。

组织之间竞争的核心已经变成对数据中既定模式的理解。在未来的几年里，技术将继续成为商业变革、转型和颠覆的最具影响力的驱动力之一。这正是我 20 多年来致力于支持组织从其数字化转型项目中获得最大收益的原因。

数字化转型之旅不会一路坦途，因为它常常会遇到一定程度的怀疑或抵制。“我们为什么要改变？我们的业务现在做得很好！”我都想不起来有多少次听到过这样的说法，它来自成熟组织的领导者和创始人。谁又能责怪他们呢？保持现状很容易。利益相关方习惯了平庸的表现，并不期待未来会变得更好。

如果成为组织中数字化转型的变革推动者，你就会变为众矢之的。竞争对手、利益相关方——每个人都虎视眈眈，等待捕捉你的每一个小错误，准备在你犯错时立即采取行动，批评、指责或者利用你的错误。这可能是一段非常孤独的旅程。

事实上，你的业务就像一个生物体：它永远不会停留在同一个地方。无论你喜不喜欢，它都会变化，但你可以决定和控制它的发展方向。你会让它变老并最终自然死亡，还是你会让它保持健康并与环境协调共存，从而保持其相关性和意义？

在我的个人生活中，我选择不成为疾病的受害者，而且我利用这一点作为核心力量之源来推动自己的转型并克服失败。在商业中，失败通常被认为是一个不可言说的真相，最好保密。你有多少次被误导从而相信，只有失败者才会失败，而赢家总是成功？请放心，在通往成功的道路上多次失败并不可耻。真正的耻辱在于甚至没有勇气去尝试成功。

丹泽尔·华盛顿在宾夕法尼亚大学和迪拉德大学的毕业典礼上发表了一篇鼓舞人心的演讲，他说：“要想得到你从未拥有过的东西，就要做你从未做过的事情。”做一些新的事情意味着你要心胸开阔，接受失败的高可能性。但失败并不意味着失去，它可以意味着找到更好的成功之路。

对于组织领导者来说，甚至不尝试改变也是一种失败。不改变就是倒退。你需要继续前进，即使这意味着在改变的过程中有时会绊倒，即使事实和数据并不站在你这边。超过 80% 的数字化转型项目最终都彻底失败或未能取得预期成果。虽然在这个过程中一些失败是不可避免的，但这些组织必然犯了一些严重的错误才得到如此糟糕的结果。

我曾多次被邀为失败的数字化项目收拾残局，并发起一场场艰难的斗争，说服一群满腹狐疑的利益相关方，让他们相信成功是可能的。我的经验告诉我，虽然失败的原因多种多样，但大多数都可以简单地归结为对技术的短视和痴迷，而牺牲了其他同样重要的因素。我有幸领导了多个跨行业、跨国家和跨角色的数字化项目。通过我的工作，我有机会与各种各样的利益相关方互动，包括技术不熟练的工人和技术人员，以及高管。

我从这些人身上学到的经验教训确实让我心怀谦卑。因此，我看到了商学院所倡导的复杂技术框架和概念模型之外的东西，创立了一种更简单、更人性化的方法，将人置于我所做的一切的核心。考虑到这一点，我决定写一本名为《极简数字化转型》的书，作为务实的业务领导者、高级管理人员和创业者的行动指南，帮助他们成功实施数字化项目。我的方法基于三个简单步骤：

1. 拥抱数字化正念

2. 构建敏捷数字化战略

3. 实施平衡的数字化转型议程

在接下来的章节中，我将与你分享我的知识和见解，关于如何在这个框架的每个阶段找到方向，以成功设计和实施数字化转型项目，但这本书的内容远不止于此。知道要做什么很简单，做起来却并不容易。知易行难，它需要创新、聪明才智、领导力、动力、动机、承诺、灵感和魅力，而在数字化项目中往往缺失这些关键因素。《极简数字化转型》借鉴了我在职业生涯中的几次真实经历以及从这些经历中我吸取到的经验教训，旨在帮助你尽可能简单、轻松、顺利地实施你的转型项目。

拥抱数字化正念	构建敏捷数字化战略	实施平衡的 数字化转型议程
1. 拥抱混沌 2. 明确当前位置	3. 规划数字化征途 4. 创设灵活路径与变革进程 5. 打造知识型组织，加速决策流程	6. 重塑商业运营模式 7. 协同利益相关方，共奏和谐乐章 8. 找到合适的技术

“极简数字化转型”框架

愿景是永恒的，代表着一个组织期望对社会产生的影响。商业战略是暂时的，基于一个组织对未来未知的预测。要想取得成功，你的数字化战略必须与你的商业战略保持一致。

| 第一部分 |

拥抱数字化正念

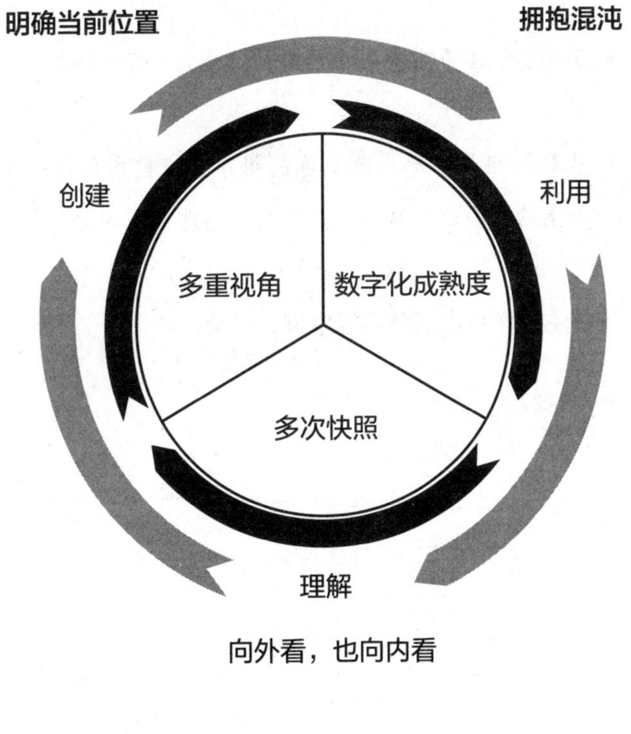

向外看，也向内看

如果说我在管理数字化转型项目的职业生涯中学到了一个重要教训，那就是——开始你的旅程的最好方式就是树立数字化正念。关于数字化正念有许多定义，大多数都侧重于构成组织的个体，而不是组织本身。在本书的语境中，我将“数字化正念”定义为“你需要培养的一种意识，以了解你的组织在数字化进程中的位置，其周围环境正在发生怎样的变化，这些变化如何影响你的组织，以及你的组织是如何响应这些变化的”。

数字化正念之所以重要，是因为在构建数字化战略时，它会为你建立一个现实的基准而奠定基础。从数字化转型的角度来看，这包括：

- 了解你周围产生的技术混沌，以及如何将这些混沌为我所用。
- 从利益相关方那里收集你的组织在当前所处的多个时间点上的快照，以获得对数字化成熟度的现实评估。

这些主题将在本部分内容中进行讨论。

第1章
拥抱混沌

让我们面对现实吧：变化不仅持续不断，而且通常是混沌的根源。疫情、战争、供应链短缺、恶性通货膨胀、自然灾害、气候变化、恐怖袭击——现在的新闻听起来好像是末日降临。这是人类和环境的双重悲剧，影响的不仅是社会和生活，还有经济和商业。

然而，如果单纯从业务层面来看，当今持续混沌的根源——技术，远非世界末日般悲观。事实上，它已经被广而告之地标记为工业 4.0 革命，所以不要害怕它，请拥抱它。

日益涌现的大量新兴技术正逐渐成为主流：分布式账本技术（DLT）、大数据、人工智能（AI）、云计算、量子计算、物联网（IoT）、虚拟现实（VR）和增强现实（AR）等。有许多层出不穷的技术，正在等待重写业务规则。

你的组织并不能免于这些技术带来的混沌。你不能停下来回头看你的竞争对手，必须不断努力超越他们。与此同时，你需要向前看，全方位观察你的目标如何变化。你可能会非常怀念那些严格遵循既定流程以产生可预测结果的日子。像大多数人一样，你可能渴望例行公事和保持稳定，然而世界已经变得不再可以预测。它已经变得混沌，信不信由你，这也可能是件好事。

技术混沌：机遇之源

坦白地讲，我在混沌中工作得极好，因为它点燃了我的灵感之火，给我注入了理解世界新秩序的强心剂。我喜欢倾听周围的噪声并挑战自己的极限，将看似无关的事实联系起来，创造新的模式。对我来说，混沌是一场将威胁转化为机会的游戏。

经验告诉我，混沌可能为你和你的业务带来在一个稳定的世界中不会出现的重大机会。管理混沌，是真正伟大的领导者的标志。许多人害怕它，伟大的领导者则拥抱它。是在自己的舒适区中逃避现实，对周围发生的事视而不见，还是利用技术带来的混沌来获得优势，这取决于每个人自己的选择。

大型企业喜欢稳定

从传统意义上来说，大型企业得益于不公平的优势。它们通过长期建立起来的、经过验证的成熟运营方式来运营，享受学习曲线效应、专业知识和规模经济的好处。标准化的流程已经被完善到一定程度，可以最大限度地减少效率低下现象，并实现标准化的产出。

在运营方面，大型企业在自己所理解的稳定且可预测的环境中，通常以一种能够最好地利用资源的方式进行组织。通过多次实践和动作研究、厨房布局分析以及供应链和物流管理，麦当劳花费了多年时间来完善生产快餐的技艺。快餐订单在全球各地的店铺处理，无论在哪里都能在几分钟内完成，味道和产品质量变化极小。瑞安航空（Ryanair）仔细研究了 F1 赛车的停车模式，以便在其运营的所有机场中协调所有地面工作，使飞机在 20 分钟内完成转场。在这两个案例中，一致性和效率在成本最小化和最终盈利方面带来了显著的好处，这是通过在可预测的环境中一次又一次地重复这一过程来实现的。

相比之下，小型企业和初创企业永远无法与之相匹敌。它们仍然需要掌握核心流程，从错误中吸取教训。它们不仅没有足够的规模从规模经济中受益，而且缺乏足够的财力资源，这是一个比较严重的挑战——这是大卫与歌利亚之间的战斗[①]。

技术混沌打破常规

既定规则和常规做法在混沌中无法发挥作用，技术颠覆也不例外。它通过创造新环境、打破现有条件，有效地动摇了商业规范和假设，使竞争环境更加公平。既定规则和常规做法与这个新环境的要求不相容，因为技术颠覆让人难以确定如何应对其中的不确定性。

---

① 大卫与歌利亚之间的战斗，是《圣经》中的一个传奇故事。歌利亚是强大的非利士勇士，每日向以色列人挑战，但无人敢应战。年轻的牧羊人大卫，虽非战士，却挺身而出，以一块石头和弹弓为武器，成功击败歌利亚。这场战斗体现了勇气、智慧和信仰的力量，成为战胜强敌和信仰的象征，激励着人们在困难中勇往直前。——译者注

在混沌时期，大型企业不再从学习曲线效应和规模经济中受益，它们需要创建新的规则和常规做法以应对周围发生的变化。这种颠覆使它们和初创企业以及小型企业处于同一条船上，因为它们面临着类似的问题。它不再是大卫与歌利亚之间的战斗，它变成了平等竞争。如果说有什么不平等，那就是大型企业可能会被官僚主义的枷锁束缚，这种官僚主义往往设定了它们过去取得成功所依赖的既定规则和惯例。

一个明显的例子是金融服务业，它已经被各种技术创新彻底重塑。金融科技（fintech）行业与传统金融行业相比体量仍然较小，但以每年复合增长率 20% 的稳定速度增长。事实上，金融科技的市值预计将在 2028 年年底达到 3320 亿美元。面对这个新兴行业的出现，一些司法领域正在制定监管沙盒（regulatory sandboxes），允许组织在市场上尝试创新，以激励金融科技公司在蓬勃发展的初创环境中设立。

最初，传统金融服务企业对金融科技公司作为一种严肃的替代方案的可信度表示怀疑，但富有进取精神的初创企业在真正关键的地方给这些巨头以重创。它们充分利用了传统银行的一些薄弱点，并围绕这些弱点创新了独特的销售主张。

自动化客服和聊天机器人等对话型人工智能平台的崛起，提升了客户体验，同时也缩短了服务交付和响应时间。更好的人工智能支持的客户数据分析，为小型金融科技公司提供了更有价值的客户知识，以开发定制且有效服务。金融科技公司还利用新兴的监管科技（regtech）和其他数字解决方案，以降低运营成本并提供更具竞争力的服务。

这并不是说传统银行没有进行反击。事实上，全渠道数字银行已成为大多数银行渴望达到的黄金标准。然而，根据我指导多家银行客户的经验，我知道实现这一愿景绝非易事。这需要从以产品为中心的业务模式彻底转变为以客户为中心的业务模式。这种转变基本上会对传统银行从核心层造成深刻撼动。

案例研究：制定监管科技战略

问题

一个拥有强大金融服务基础的辖区内的公共机构希望通过发展监管科技部门来进一步加强该行业。通过一家位于欧洲的国际管理咨询公司，我支持制定了一项国际化战略，旨在帮助监管科技市场上的现有和新的参与者出口其服务。

挑战

- 金融服务行业对监管科技作为企业战略解决方案的潜力，缺乏深刻的了解和认识。
- 监管科技服务提供商对金融服务行业动态的理解和认可也存在局限。
- 在多个司法领域存在不一致的监管要求，这导致了在开发同质系统方面存在固有困难。
- 由于监管频繁变更，需要不断进行系统更新，这也是一个常见的挑战。

- 金融服务行业在很大程度上过度依赖旧系统和纸质解决方案。
- 传统保守文化对变革有抵制作用。

解决方案

尽管存在这些限制，我们还是与这家公共机构合作，成功制定并领导实施了监管科技战略。我们建议：

- 将该辖区定位为特定子行业的卓越中心。
- 为监管科技服务提供商制定质量标准的同时，建立强大的法律框架，并构建监督机制以确保合规性。
- 在明确定义的监管沙盒中，促使创新解决方案在安全环境中进行测试。
- 通过推出明确定义的相关领域的高等教育资格，培养关键技能。
- 为监管科技初创企业和相关高素质人才提供财务和税收激励以及资金机会。
- 设立专门的创业资本融资机制和专业加速器。

成果

该战略最近已获得该公共机构高层领导团队的批准，目前正在实施中。

技术混沌带来行业洗牌

正如我们所见，技术混沌使得现有大型老牌企业变得脆弱。它们可能会陷入困境，不知道下一步该采取什么行动。在某些情况下，它们可能对混沌毫不知情或者觉得可以不受其影响。视而不见或过于自信导致许多现有老牌企业垮台，这为新业务提供了夺取主导地位的机会。

旅游业经历了由技术颠覆引起的几次洗牌。在 20 世纪 90 年代，这个行业主要由像 Thomas Cook、Airtours、TUI 和 First Choice 等大型全球旅游运营商主导。你还记得这些名字吗？当然，其中一些运营商仍然存在，但它们的市场份额远远不及过去。

互联网给传统旅游运营商的经营模式带来了严峻的挑战，使个体旅行者有机会直接与航空公司、酒店等联系，安排自己的旅行，无须第三方的介入。这一现象实际上是旅游业去中介化，赋予旅行者更多的权力和选择。

随着虚拟运营商的出现，科技也为该行业的现有企业创造了重新中介化的机会，为客户提供满足其所有旅行需求的一站式在线服务。抓住这一机会的运营商基本上通过利用客户数据来化算法为黄金，从而创造出更加个性化的服务、选择和体验。

解构技术混沌

要理解技术混沌是明天源源不断的财富和繁荣。技术混沌很可能为你提供超越竞争对手的绝佳机会，但要做到这一点，你需要在它们之前解读机会，并相应地调整你的战略。

在你正确理解混沌之前，你所在组织的商业战略很可能与其环境不协调。组织处于混沌中的时间越长，就需要花费越长的时间将其引导回正确的轨道。

技术混沌非随机

随机性是指特定无关事件的发生，只能用偶然来解释。在极端情况下，事件发生的概率是未知的，因为替代事件的范围是无限的，或者也是未知的。技术混沌则不同。它涉及新技术的出现，创造了一组明确定义的新规则，取代了旧规则。

正如我们在前一节中了解到的那样，互联网见证了某些团队旅行运营商的衰落，个体旅行者的崛起，他们希望在度假目的地的选择中拥有更多的掌控权。瑞安航空通过其无附加服务的模式在航空业引起了混沌，剥夺了一度被认为充满魅力的行业标配的所有便利设施。奈飞（Netflix）重塑了娱乐行业，观众被引导离开电影院，转而留在家中，而一些优质演员则从电影制作转向电视连续剧和真人秀节目。

在某些情况下，技术混沌是复杂的，变成了一场规则、标准或结果之间的较量。想想家用录像机（VHS）与蓝光、安卓与 iOS、Windows 与 Mac，以及比特币（Bitcoin）与以太坊（Ethereum）。我相信，我们都见过这些标准之间的斗争。有时，一个标准成为独霸全场的赢家。有时，这场战斗持续下去，看不到尽头。

将你的赌注押在一个标准上并作为战略的一部分，可能会变得棘手，因为该标准的消亡对你的企业可能意味着一场灾难。在这些情况下，通过将灵活性融入你的战略中，适应过程中任何一个标准的变化，可能更符合你的利益需求。

混沌之美“不同凡想”

混沌之美在于它创造了前所未有的模式，这些模式尚未被解读或破译。对于企业而言，寻找商机变成了解锁新模式密码的竞赛。这就是我所谓的“启发式能力”（heuristic capability），我把它定义为一种卓越技能，它可以在看似无关的事件中，找到逻辑和行为模式以决定结果。换句话说，启发式能力就是关于理解混沌的能力。

案例研究：建筑行业中的启发式能力

问题

在疫情期间，一家领先的建筑公司发现，由于多个客户取消了重要订单，其收入来源大幅减少。其现行的商业模式明显不再起作用，因此我被聘请提供支持，找出问题的根本原因。

挑战

- 有限的管理能力。
- 缺乏规划文化。
- 当前混沌中存在重大不确定性。
- 公司以手动流程和纸质系统为特征。

解决方案

根据一种能够经受住当前环境不确定性的启发式模型，我与公司领导团队共同制定了一项企业和商业战略。该战略包括：

- 评估不断变化的环境，并根据新发现的假设构建模型。
- 识别对公司成本和收入结构有重大影响的关键变量。
- 建立行业知识丰富的专家工作小组，以便公司能够获取他们的隐性知识。
- 根据已确定的假设，制订未来可用的替代方案。
- 根据已确定的未来可用的替代方案和假设，开发一种新的算法。

成果

根据我的分析预测如下：

- 建筑行业的私营部门工作，将会暂时崩溃。
- 在此期间，为了刺激经济增长，将加快对公共部门资本项目的支出。
- 随着税收收入的大幅下降，以及在疫情期间向不景气企业提供的补贴增加，公共部门将出现资金短缺的问题。

令人震惊的是，你的竞争对手中会有一大部分反对混沌。他们将利用现有的知识和规则，全力以赴地对抗混沌。

不要犯同样的错误。相反，用你的能量去连接各个点，专注于如何开辟未来，这样你才能理解正在发生的事情及其原因，以及为什么事件会以这种方式发展。让混沌为你所用，不要与之对抗。

连接这些点有助于你建立启发式能力，来解释当前的情况。更重要的是，启发式能力将赋予你前所未有的洞察力，以将你新发现的模式推演到未来。它将帮助你塑造规则、标准或结果之间的潜在替代性博弈场景，并预测谁可能将会占上风；它将帮助你以不同的方式思考你的行业，并看看是否会打破行业壁垒，将其边界渗透到其他行业。

直观的例子是亚马逊 Go 在启发式能力方面取得的积极成果。当其竞争对手专注于开发改进的自助结账系统以减少店内服务员数量时，亚马逊开发出了全新的概念。通过结合机器学习、传感器和人工智能，亚马逊 Go 创造了“直接走出去”（just walk out）技术。顾客只需走进亚马逊 Go，在他们的移动应用上扫描所需物品，从货架上自助拾取物品，然后可以直接走出商店。

亚马逊 Go 使用的技术类似于自动驾驶车辆中使用的技术，复杂的算法通过安装在商店中的摄像头所收集的数据“学习”顾客的习惯和行为。电子传感器跟踪所有顾客和产品，以及产品是否已经被放入虚拟购物车。该系统还跟踪行为模式，比如人们拿起产品准备购买，但随后又改变了主意。这项技术预计将显著地颠覆百货购物体验以及这个行业的未来工作。

善用混沌之力

多年来，技术已经被证明是许多行业中的主要破坏来源。这就是为什么在你追求卓越的过程中，让你的企业经历数字化转型之路变得如此重要。理解混沌使你能够通过理解外部世界中他人尚未能理解的行为模式，将其变为你的优势，但你到底该如何利用混沌之力呢？

识别行业脆弱性

仅仅理解混沌是不够的，你需要了解在哪里出击能产生最大的影响。最脆弱的是那些对变化视而不见或者自以为“大而不能倒”的组织，我见过好几个行业巨头陷入这种陷阱。

我们以音乐产业为例。在 2000 年年初，音乐产业受到了因互联网的兴起和 Napster、LimeWire 等文件分享平台带来的盗版的重大冲击。在那之前，音乐主要通过 CD 等物理格式分发，但互联网使得用户能够采用电子方式免费分享音乐文件，这使音乐公司陷入困境。实际上，美国唱片业协会（RIAA）的报告显示，美国音乐产业的收入从 1999 年的大约 146 亿美元下降到 2015 年的 67 亿美元。音乐产业出现了一个大漏洞，但这也是一个可以被利用的机会。

你可以通过批判性地分析竞争对手，并注意到市场上最大不和谐所在的区域，来识别机会。然后，你专注于这些区域，以创造最大机会。Spotify 就是这么做的。它理解了技术带来的混沌，并将其颠覆，解决了 21 世纪初期出现的主要盗版问题。

Spotify 试图弥合用户廉价且方便地获取音乐的需求与音乐产业实现可持续利润的需求这两者之间的差距。此外，Spotify 为个体音乐家提供了一个平台，让他们无须通过音乐制作公司就可以接触到大量听众。Spotify 的成功显而易见，其在美国音乐产业中的市场份额从 2010 年的 7% 大幅增长到了 2020 年的约 83%（美国唱片业协会数据）。

开发理解混沌的新算法

理解混沌意味着理解游戏的新规则和存在的差距。一旦正确理解了规则，你就可以将它们建模成算法，以根据预期的变量变化预测不同的结果。在这个阶段，你需要创建一个能够量化地为混沌带来一些秩序的代表性算法，并使用先进的机器学习工具设计算法，以便在分析更多数据时它能变得更加准确。

案例研究：在教育行业中理解混沌

问题

一所国际大学在世界各地拥有多个校区，在欧洲的一个校区的新设施上投资巨大，但未能吸引足够多的学生以维持运营的可行性。我被要求帮其识别策略为何失效，以及为将来提出建议。

挑战

- 新兴市场的出现，如尼日利亚和马来西亚，这些地方大学之前没有设立分校区。

- 一个相对不那么知名的亚洲品牌，以及与日益增长的消费者对英国或美国教育的偏好。
- 依赖刚性的内部教育课程，这需要大量的接触时间，对学生来说既昂贵又不方便。
- 与行业需求不兼容的策略。

解决方案

我使用高级统计分析评估了基础数据，并支持对行业趋势的定性审查。这导致了商业战略和数字化路线图的制定和实施，其中包括：

- 改变商业模式，使得这所大学成为一所拥有知名英美学习模块许可的经纪机构和提供商。
- 通过引入基于兼职的模块化课程，增强了交付模型的灵活性。
- 合理化并减少了接触小时数和班级规模，使学习更加高效和有效。
- 引入了异步和在线学习模块，以补充实时教学并增强交付灵活性。
- 在全球范围内利用母公司在教育行业中建立的良好口碑。

成果

- 在 12 个月的时间里学生数量显著增加。

- 由于提高了教学效率和减少了接触时间，成本显著降低。
- 通过引入知名英美学习模块，提升了声誉。
- 通过灵活的内容、在线学习和较小的班级规模，提高了学生满意度评分。

制定策略以应对未来变数

你设计的新算法应该塑造你的思维模式和战略性思考，但是你对未来的感知可能会被证明是不可靠的。这并不是关于变量模式的错误解释，更多是关于变量模式本身流动和不可预测的变化，这可能是由基础混沌的连锁反应引起的。在一组竞争标准和规则的案例中，这一点变得显而易见，其中一组最终支配了另一组。

设计和构建基于关键变量的备选场景，然后制定在多种场景中都能成功的强大策略，最后，构建灵活性以应对行业动态的变化。构建备选场景非常重要，因为在一个混沌和不确定的世界中，你永远不知道未来会如何发展。备选场景让你了解当外部环境中你无法控制的变量发生变化时，你的业务可能会受到什么影响。

案例研究：在建筑行业管理不确定性

问题

在早期建筑行业市场状况普遍具有不确定性的案例研

究中，由于公司表现突出，我被要求领导开发一个强有力的企业和商业战略来扭转运营状况。

挑战

- 过度依赖公共部门的合同。
- 缺乏适当的商业智能系统来管理业绩，以及能够适应变化的系统。
- 管理能力有限，难以带领团队。
- 来自国际参与者的竞争加剧。
- 材料和劳动力成本上升。

解决方案

通过协商，我与领导团队一起创造了几个基于多种变量的未来替代情景，这带来了一个多管齐下的策略，包括：

- 公司重新定位为创新概念的主要开发商。
- 公司重新品牌化，将开发私营部门的新市场作为收入来源。
- 通过建立专业服务和融资职能，增加附加值，提供一站式解决方案。
- 多元化发展，进入新的行业和集群，成为一家综合企业。

成果

- 董事会一致批准该战略。
- 运营第一年内盈利显著增加。
- 成功启动了一些主要的、有盈利的新项目。
- 成功渗透并在选定进行多元化的一个行业中实现增长。
- 成功完成了对建筑材料新生产工厂的主要投资建设。

小结

我要告诉那些追求安稳的人一个坏消息。我们周围的一切都是暂时的，没有什么能够永远保持不变。科技使得变化的速度比以往任何时候都要快，而且变得更加不可预测，但是变化并不控制我们的命运。

输家，抗拒变化以维持现状。赢家，利用他们的启发式能力来理解变化，并将其转化为自己的优势。本章提高了人们对于以下重要性的认识：使用数字化正念来解码未来新模式，以及制定适应这些模式的战略。

知识要点

- 在稳定时期，大型企业因为运用长期建立起来的、经过验证的成熟运营方式而获得了不公平的优势，它们在可预测的环境中繁荣发展。
- 既定规则和常规做法在混沌中不起作用，这使得大型企业和小型参与者面临同样处境。

- 混沌并非随机无序，而是一股关于创造一组明确的规则来取代旧规则的力量。企业追求的是利用启发式能力来理解混沌并解开新模式密码。成功解开密码的组织，将拥有通往成功和伟大的钥匙，直至更多混沌出现。
- 混沌迫使我们通过专注于连接各个点来实现“不同凡想”，我们需要利用混沌带来优势。
- 在混沌时期最容易受伤的是那些对此视而不见的人，或者认为自己不可能失败的人。
- 理解混沌意味着理解游戏新规则，然后将这些规则建模成一个算法，以预测基于预期变量变化的替代结果。这些算法塑造了我们的思维模式和战略性思考。
- 我们对未来的感知可能会不太可靠，因为新构建的算法中的变量模式可能由于潜在的混沌造成的连锁反应而导致不可预测的变化。为了缓解这一点，我们需要根据关键变量设计备选方案，制定可以在多种场景下成功的稳健策略，然后增强灵活性，以便随着行业动态的变化而进行调整。

第 2 章

明确当前位置

在我的咨询工作中，最大的挑战始终是让领导者在开始数字化转型项目之前，仔细审视他们当前所处的位置。他们想要的是问题的答案，而不是更多的问题。他们想要的是能立即对他们最初投资产生回报的解决方案和商业利益。

你很可能也有同样的感受，从某个角度来说，你这么想是对的。我曾在第 1 章说过，你需要比你的竞争对手跑得更快，才能首先到达顶峰。花时间了解自己所在的位置，意味着停下脚步环顾四周。与此同时，你的竞争对手将继续前进，与你拉开距离；但如果不停下来环顾四周，他们可能会迷失方向，朝一个毫无结果的方向跑去。

思考目标与路径

如果你知道自己在哪里，为什么还要花费大量时间去环顾四周呢？因为你认为自己所在的位置，很可能与你实际所在的位置不同。这并不是因为你是一个糟糕的领导者，而是因为你对现实的感知受到了自己视野的限制，而且随着你的企业不断壮大，你的视野可能越来越局限。

为什么会这样呢？因为随着企业的不断发展壮大，你作为领导者往往会脱离一线活动，转而来到管理指挥中心。由此，你对现实的感知也随之变化，并会影响你对未来做出决策的方式。请睁大眼睛，仔细观察现状，并拥抱多元视角，构想一个你和所有利益相关方希望在未来实现的蓝图。

拍摄快照

了解你目前所在位置的起点，是把你的企业现状做一个快照。我相信你肯定听说过许多有助于你完成这一目标的框架；像我这样的管理顾问，一开口就会没完没了地向你介绍诸如 PESTLE 分析（即宏观环境分析）、SWOT 分析、波特五力分析、波士顿矩阵、麦肯锡 7S 模型等各种标准的工具包。请不要误会，它们都是好工具；我不仅推广过它们，并且多次与客户一起使用它们，我甚至还与别人联合发表过一些关于这些工具的学术论文。但在本章，我将介绍新模型。请随意将它们添加到你的工具库中。

我刚才提到的每种工具都有其优点和局限性。在你的分析过程中使用其中一些工具是有好处的，因为它们能帮你理清思路，但是如果你僵化地使用它们，可能会让你感觉如同穿上了“紧身衣”，从而束缚你的思考过程。例如，PESTLE 分析可能会让你陷入一场无休止的辩论中，纠结某个因素究竟应该属于政治因素还是经济因素。请相信我，这是一种非常普遍的情况。

过度使用某些模型很可能会使你形成一种思维定式，这种思维定式更注重填充模型，而不是静下心来倾听环境和旁人在说什么。请使用一些简单的框架来为你提供结构，但更加重要的是，你必须利用自己的五种感官来获得评判现实的正确视角。

衡量当前表现

在我管理生涯的初期，我严格遵循“量化才能管理”这一座右铭，一丝不苟地对所有事物进行衡量。数字确实是完美的沟通媒介，因为它们不会带有个人主观色彩，可以如实地表达信息，并且不会被过度解读。它们为你提供一个可量化的尺度，用来衡量从某个基准点出发的绩效改进程度。

案例研究：衡量公共组织的绩效

问题

一家专注于为商业社区提供多项服务的公共组织，对其服务交付的总体质量和效果感到不确定。于是，我被要求对这些服务进行绩效评估，提供关于如何改进这些服务的建议，并制定一个框架来持续地监控绩效。

挑战

- 以往服务交付的绩效数据的可获得性有限。
- 服务受益方的数据的可获得性有限。
- 过于依赖基于纸质版的行政流程，导致进行任何有意义分析的难度加大。

- 缺乏用于分析数据和总体绩效的合适系统。
- 现有记录中的重大错误和遗漏，导致可获得数据的可靠性受到质疑。

解决方案

领导团队和我认为，为了对当前情况达成共识，建立一个客观的基线至关重要。包含：

- 通过对现有数据进行大量的手动录入，并按照经济活动命名编码、员工数量、营业额和增值额分类，然后开发一个初步的 Excel 模型。
- 创造和开发一个明确定义的服务分类法，以对受益方提供的服务进行分类。
- 面向受益方开发并分发一个统计问卷，用来填写具体的成果和衡量标准。
- 与主要受益方举行结构化的一对一会议，定性评估所提供服务的价值。
- 举行头脑风暴会议，识别为主要受益方提供服务的改进点。
- 开发一组关键绩效指标，以便通过持续衡量来评估绩效。
- 实施 SAP（全球最大的企业管理和协同化商务解决方案供应商）的 Business Objects 工具，收集衡量绩效所需的基础数据。

成果

- 建立绩效基线。
- 识别正在提供的服务中的主要缺陷。
- 为改进设立关键绩效目标。
- 已识别的服务交付改进措施。
- 建立自动化系统来收集数据。

对数字的痴迷很可能会引导你走上一条未知的道路，在那里你会迷失在数据之中，并与现实脱节。请记住，企业最终是由感受和情感所掌控的鲜活的社会系统，而这些在实践中都是难以被衡量的。只衡量重要的东西，不要迷失在转化中。平衡计分卡和仪表盘是衡量绩效的绝佳方式，数字至关重要，但它们并不能说明全部情况。

评估对变革的准备程度

努力和前进之间是有区别的。如果你被锁链拴在地上，那么跑步是没有用的。首先，要查明那些锁链有多牢固，以及解除它们有多容易。

任何数字化转型项目都可能会遭遇到一定程度的变革抵制，这是不可避免的。导致这种情况的因素可能有许多，但在大多数情况下，抵制变革很大程度上与权力转移有关。在这个阶段，区分真正的怀疑主义和自私自利是很重要的。他们需要不同的解决方案，识别出自己的盟友，并确定他们在企业内的权力和影响力水平。

克服变革的惰性是至关重要的，否则可能会导致灭亡。前段时间，我带着提高对方对数字化重要性的认识这个目标，会见了一家相对小型的饮料生产公司的总经理。当我走进他的办公室时，我能感觉到这将是一次艰难的推销，因为过时的厂房看起来如此古老，我几乎能听到墙壁在低声诉说二战时的故事。客观地说，他以极好的待客之道接待了我，带我走马观花地参观了工厂，但是所到之处充斥着低效率，还有很多工作要去做。

我主动提供了一些参考建议，通过优化流程和管理浪费来帮助他改进工作。我解释了将自动化引入到生产流程中的好处，同时建议他实施企业资源规划（ERP）系统，并将其整合到客户关系管理（CRM）应用程序中，以获取对市场更深入的了解，但显然这些信息未能达到应有的传播效果。

在我的表述结束时，他告诉我："你告诉我的内容听起来都很不错，但你并不是第一个这样对我说的人。你知道我曾试图为实施类似你这样的建议花了多少钱吗？最终我不得不完全放弃那个系统。我绝不可能再去受'二茬罪'。"

这位总经理曾尝试过以物联网系统来管理装瓶操作，结果却以惨败告终。我对他失败的根本原因颇感好奇，因此忍不住问了他一些问题。在实施流程中发现了很多问题，我都不知道该从哪里开始：没有合适的商业论证，过分强调功能而非收益，缺乏正确的数字化路线图，利益相关方的参与程度不够，基于过时遗留系统的底层数据，过度依赖手动业务流程，在多个录入点重复录入数据，缺乏数字文化……诸如此类。这个项目从一开始就注定了失败，因为要在当前的数字化成熟度水平下实施这样一种颠覆性的技术，客户并未做好准备。他的失败实际上扼杀了未来任何潜在的发展势头。

挑战既有认知

许多经理对现实感到自信满满，并抵制任何试图证明其可能不准确的尝试。在较大的企业中，高级管理者经常在复杂的仪表盘上用数字、图表、饼状图和频率分布来炫耀他们的成功，所有这些都是基于他们最近花重金购买的商业智能（BI）工具来创建的。

请不要误会我，这些工具都是你的管理武器库中不可或缺的一部分，但伟大的领导者最终是从前面引领他们的组织，而不是通过遥控器来遥控指挥。他们和员工一起投身到战斗一线，共同面对不断变化的商业世界。

一开始就让多个利益相关方参与进来

现实是抽象的。你所处的角度不同，与现实的距离不同，看待它的方式也就不同。例如，销售经理可能会认为公司经营状况良好，因为收入增加了。但与此同时，财务主管可能会感到担忧，因为客户付款周期更长了，坏账也增加了。生产经理可能会担心，因为生产成本显著上升，利润可能比前几个月要好，但下一个季度的订单情况看起来似乎并不乐观。

你对组织内现实的理解很容易变得扭曲。随着组织的成长，当你不再那么需要亲临前线时，这种扭曲的现实观会变得更加普遍。对现实的扭曲认识会导致制定出与组织不相容的解决方案，从而使组织陷入困境。

你可以在管理扭曲现实的过程中，让多个利益相关方参与进来。在我的职业生涯中，我遇到了几个领导团队从一开始就避免让他们的员工参与数字化转型项目。实际上，他们更倾向于负面地看待这个概念，认为数字化转型项目应该是一个严防死守的秘密，精心策划于密室，只有在时机成熟时才能公之于众。他们都认为高级管理团队是“大脑”，而一线员工则是按照领导吩咐行事的“肌肉”。

案例研究：在维护和维修企业中管理扭曲的现实

问题

我受一家维护和维修企业（MRO）的聘请，审核其运营并为其业务流程提供简化和自动化建议。该企业的领导一再强调必须要在没有员工参与的情况下谨慎地开展这项工作，因此我被介绍为“审计员”。我的出现引起了员工们的怀疑，并引起了一些人的注意。

挑战

- 对受变化影响的员工缺乏信任，不够开放。
- 官僚主义和僵化的工作方式被极端化。
- 工作严重碎片化（例如，铺设电缆和连接电缆的团队是分开的）。
- 员工普遍对于工作碎片化现象感到沮丧。
- 由多个大团队参与完成工作，导致效率低下和工作中断。

- 管理团队认为高度专业化可以带来巨大效率，这也引发了组织内部固有的不和谐。

解决方案

关键利益相关方参与数字化项目是项目成功实施的必要条件。为了实现这一点，我做了如下几点：

- 说服高层领导实施一个工单管理系统作为试点项目。
- 获得高层领导同意，从一开始就让受影响的员工参与进来。
- 进行现场检查，审视现有的维护和维修流程，以及工单是如何被有效记录的。
- 基于我的发现与利益相关方举办了几次研讨会，并讨论了如何改进流程。
- 通过持续的测试和调整，获得了核心用户的适当认可。

成果

项目的成果不仅是自动化系统的成功实施，它还取得了如下成果：

- 在与利益相关方协商的情况下，重塑了核心流程。
- 制定了工作订单管理系统的规范，并成功管理其实施过程以进行部署。
- 增强了员工在工作实践中的灵活性，并提高了技能熟练度。

- 提高了员工的动力和授权，从而提高了生产率及盈利能力。
- 降低了缺勤率和员工流失率。
- 显著降低返工率和错误率。

在许多情况下管理者认为，从一开始就让利益相关方参与进来会使变革进程变慢，同时会产生更大的压力和更强的压迫感。情况可能确实如此，可能需要更长时间才能做出决策；但这更有可能是正确的决策，从长远来看可以节省时间。如果组织的整体真实情况是由利益相关方的多重视角和经验来构建的，那么企业的整体现实情况将会变得不那么扭曲。

每个利益相关方都会向整体贡献自己对现实的扭曲版本。这创造了一个我称之为“现实校正校准”的动态过程。通过这种方式，利益相关方有效地输入了他们所看到的现实版本，为其他利益相关方打开了新的视角。这些视角融合、合并、演变和转化，直到一个更准确的现实描绘呈现出来。基于此，我建议你作为领导者，要专注于从组织内的所有利益相关方那里获得对现实的共同理解，以便对必须要做的事情达成广泛共识。

鼓励利益相关方实话实说

然而，仅仅让利益相关方参与进来还远远不够，你需要确保他们从自己的角度告诉你真实情况。这是因为利益相关方在校准校正过程中，可能会故意分享一个扭曲他们自己真实想法的版本，从而使得这一过程变得无效。为了避免这种情况，你需要理解这种扭曲背后的根本原因，这主要是由恐惧、无知或贪婪（也叫自私自利）导致的。

恐惧的利益相关方会扭曲真实情况，以避免暴露他们的脆弱性、失败和错误。他们可能还害怕从你这个领导者那里引发他们不希望看到的反应，所以他们告诉你他们认为你希望听到的话。通过同情、安慰和开放性可以减少恐惧，创造一个具有“不追责”文化的安全环境，让所有人都有足够的安全感。

无知是指由于缺乏技能和经验，且利益相关方从他们的视角出发对事实的误解。无知或许是三大障碍中最容易规避的，因为它可以通过培训和意识提升课程来克服。

最后，自私自利是指利益相关方为了维护或增加其在组织内的权力和影响力，而扭曲真实情况的表现。大家别太天真，所有利益相关方在某种形式上通常都是由自身利益所驱动的。识别出利益相关方的利益，并设法使其与你的组织目标保持一致，但不要容忍那些蓄意操纵事实、扭曲现实以期实现其个人利益的人。

把握当前移动或漂移的方向

你是否曾经有过这样的感觉，即你最近的管理报告读起来像是一部历史书中的一个章节，讲述的是一个与今天发生的事情完全不同的故事？残酷的现实是，外部市场力量是动态的，并且变幻莫测，以至于昨天的绩效可能会在明天被完全颠覆，因为今天发生了意料之外的外来事件。

数据和信息在产生的那一刻就已经过时了，这是因为它们代表着过去。我们需要了解当前的知识，以便为未来的决策提供支撑。在当今这个数据驱动的世界里，我们要用正确的工具来获取实时信息，以做出实时决策。

企业不是静止不变的

企业是生活在广阔生态系统中的社会实体。它们不断地移动，从不停留，始终在改变位置。这就是为什么在一个时间点上对你的企业进行快照，与在另一个时间点上进行快照，可能会得到截然不同的结果。

以那些拥有高度资本密集型资产的企业为例。它们的运营基本上以固定成本结构为特征，航空公司和酒店就是这样的完美例证。一架飞机的运营成本几乎不受登机乘客数量的影响。同样，酒店房间的运营和维护成本随着入住率的增长只会略微增长。另外，航空公司和酒店生成的收入直接与需求相关，因此价格的变化更多地取决于需求而非成本。

这些类型的企业需要部署先进的收入管理系统，实时跟踪航班和酒店预订的情况以及不同价格水平上需求模式的变化。低于预期的预订量会触发降价以刺激需求提升。另外，高于预期的预订率会触发涨价以提高盈利能力。这个系统的成功基于不断变化的实时数据，而不是过时的报告。

这个例子展示了一个企业和其外部环境是如何不断变化的，因此，对于你来说，在不同时间点进行不同的快照是至关重要的，以便更准确地了解你的企业目前所处的位置。更好的做法是，通过安装系统和流程来实时衡量你的位置。当然，如果数据获取成本过高，这可能并不总是可行的，尽管信息技术的进步使得这种获取变得越来越容易和廉价。

确定企业在移动还是在漂移

企业位置的变化可能是由不同的潜在因素造成的。这些变化可能是因为移动，即由企业有意识的行动所控制的位置改变；或者是因为漂移，即因环境改变而导致企业被特定方向的牵引力拉动的无意识的位置改变。

诺基亚为我们提供了一个很好的例证来说明这一点。这家公司最开始是一个位于芬兰的造纸厂，成立于 1865 年。到了 1918 年，诺基亚在被芬兰橡胶厂收购后，通过实施多元化战略确保了其对水力发电资源的控制。1967 年，诺基亚通过专注于四个核心市场：造纸、电子、橡胶和电缆，进一步扩大了规模。在将近 40 年的时间里，诺基亚通过多次有意识的战略行动，几经周折，最终成为遥遥领先的手机制造商。在这整个过程中，诺基亚显然是在往正确方向移动。

诺基亚在 1998 年达到行业顶峰，成为全球最畅销的手机品牌，其营业利润约为 40 亿美元。2007 年，诺基亚智能手机的市场份额约占 50%，相比之下，苹果 iPhone 的市场份额仅占 5%。然而，在 6 年时间内，诺基亚的市场价值下跌了 90% 以上，最终在 2013 年被微软收购。诺基亚的失败在很大程度上归咎于企业的漂移，这是由于缺乏远见、重视短期利润而损害长期可持续性以及对变革的恐惧所造成的。

这个例子充分说明了为什么你需要采取适当行动，以确保你的企业不是在漂移，而是在你的控制之下移动。

确定企业移动的方向

仅仅只确保你的企业在你的控制之下移动是不够的，你还需要确保它朝着正确的方向移动， 这可以通过关联和对比企业在不同时间点所处的多个位置快照来确定。

大多数企业通过衡量当前绩效并与以往绩效相比较，来验证它们的进展。这里的隐含逻辑是：如果当前绩效显示出比前一时期有所改进，则该企业必定是朝着正确方向移动的；如果绩效有所恶化，则企业必须采取适当行动来使自己重新回到正确轨道上。

警告：这种线性逻辑可能并非总是有益的。事实上，如果管理不当，它可能会扼杀创新和转型。这是因为，确保你的企业不会倒退的唯一方法，就是继续做同样的事情，但要比以前做得更好。变革不可避免地会在某个时刻导致失败，而失败即意味着你的企业在奔跑时突然跌倒，从而被竞争对手甩在后面。然而，这也意味着你的企业将在积蓄更多的能量后站起来，比你的竞争对手跑得更快，从而产生更好的绩效。

还有什么例子能比苹果公司更好地证明这一点呢？在其早期，苹果公司获得了巨大的成功，但在 20 世纪 90 年代初经历了惨败，导致创始人史蒂夫·乔布斯被迫离开公司。当 2011 年公司可能面临破产时，苹果的董事会邀请史蒂夫·乔布斯回归。他凭借比以往任何时候都更为高超的创造天赋，通过推出几款时尚的创新产品，彻底改变了公司的经营状况，于是我们见证了 iPhone、iMac 和 iPod 的诞生。

当然，你的公司不需要如此强大的推动力就能向前发展。只需明白，向上走并不一定是你希望企业发展的唯一方向。在公司中引入创新通常会导致暂时的效率低下和短期内的绩效下滑，但这些下滑很可能会被长期的巨大收益所弥补。

企业是在广阔生态系统中运作的生命实体，这也意味着目标（或目的地）的位置会发生变化。你的企业可能正在向前移动，但你可能会发现它正离目的地越来越远。因此，不仅要定期捕捉企业的移动情况，还要探查其目的地可能发生的改变。最终，你的企业需要随着目的地的改变而改变移动方向。

界定能力与局限

我对数字化转型持积极态度，鼓励你勇敢面对失败的恐惧，以便将来取得成功，但这并不是教唆你去追求一项冒险的任务。

商业中没有超级英雄的位置。风险需要被计算和减轻，而不是赤膊上阵逞匹夫之勇。了解你现在所处的位置，可以让你对自己能做什么以及不能做什么有一个清晰的认识。这不仅揭示了你的优势和劣势，它还能帮助你绘制一条更为现实的前进道路，从而帮助你实现业务的数字化转型。

利用自己最好的特性来定位自己

我总是认为，大自然的完美在于我们的不完美，因为如果每个人都是完美的，那么每个人都会变得完全一样。我们的脆弱性使我们与众不同，成为独一无二的存在。

优势和劣势并不是绝对的，它们是相对于我们企业所选择的竞争地位和市场环境而言的。具有讽刺意味的是，如果我们生活在完全竞争的市场中，那么就不会有创新，没有差异化，也没有多样性。由于大量产品和/或服务本质上相同，我们将不得不接受广泛的选择。不够完美的市场，恰好为独特性和与众不同的潜力创造了机会。

回到2005年，我有幸领导了马耳他2006至2015年制造业和服务业竞争力战略的流程塑造。在此之前，这个国家的战略主要还是集中于把马耳他推广成一个低成本的制造业基地，这一战略包括以有竞争力的价格提供工厂空间，以及提供一系列的税收激励措施。多个利益相关方提供的反馈至今在我的脑海中回响，而且非常清晰："我们太弱小了，我们怎么能和巨头竞争呢？""我们生活在一个岛上，我们的运输成本很高啊。""是的，我们加入了欧盟，但是我们处于边缘位置。如何才能进入我们选定的市场呢？"

根据我的经验，我可以讲一个不同的故事。如果这个国家面积小，那么它就能提供比那些大国更加敏捷的定制化服务。既然这个国家是个岛国，它可以建立一个繁荣的海事产业生态圈，这有助于改善进入制造业的机会。马耳他或许处于欧盟的边缘，但它也位于地中海的中心，而且有机会成为连接欧洲和北非的纽带。

这种思维方式让我能够与各利益相关方就制定国家竞争力战略达成共识，重点发展包括信息通信技术（ICT）、教育、制药、飞机维护以及蓝色经济在内的新卓越中心。该战略由董事会批准，并且作为成功创建和发展这些新产业的蓝图，促进了可持续的经济增长和就业。事实上，在2006至2015年期间，除了旅游、金融服务和博彩业，这些行业中的大多数都成了马耳他经济的支柱。

这里的关键点是，当你从一个劣势位置出发时，不要试图去征服领土，无论它们多么有吸引力。相反，要在市场细分领域中进行小规模的战斗，因为在那些地方你的关键特性会被认为是优势。投资于那些领域，使它们变得更强大。

确定你的数字化成熟度

在过去的20年里，我一直在从事数字化转型业务，见证了多个数字化项目带来的损失之痛和胜利之果。一些企业在数字化项目失败后便屈服于创伤，经历了痛苦的死亡；而其他一些企业在成功应对挑战之后崛起，赢得了荣耀。

数字化转型项目从不轻松，几乎都伴随着牺牲。根据我的经验，持续不断的渐进性革新明显比间歇性的革命更为可取。这是因为革命会带来显著的伤亡、痛苦和动荡，破坏企业内部的和谐。

不应将革命与我们之前讨论的混沌概念相混淆。混沌指的是采取外部行动，以从根本上改变市场动态。相比之下，革命是企业内部的，指的是彻底改变这些企业及其潜在权力动态运作方式的行动。只有在你的企业位于悬崖边上岌岌可危时，再考虑进行革命。

在移动的过程中，根据你在数字化成熟度上的预期进展来确定你的方向，而不是基于你打算实施的技术来决定。你在数字化成熟度方面的预期进展，应该基于你当前的成熟度和变革的准备程度来综合评估。你当前的成熟度，决定了你能够以多快的速度从一个阶段移动到另一个阶段，并成为技术创新者。

评估当前的成熟度，就是评估你的企业在定义的进展阶梯上的位置。衡量这一点有助于确定你的企业下一步的进展。谈论数字成熟度，你的首席信息官 (CIO) 很可能会指引你关注流行的能力成熟度模型集成（CMMI）。该工具提供了一个过程：帮助企业简化流程改进，并鼓励富有成效的高效行为，以降低软件、产品和服务开发中的风险。

CMMI 系统确实是一个很好的管理工具，可以考虑将其纳入你的管理工具包。它专注于两个维度。一方面，它试图评估你的流程在定义、衡量和管理方面的表现如何。另一方面，它审查你可以使用技术实现的结构、复杂性、集成和破坏水平。

它缺乏的是对人文层面的考虑，这往往是数字化转型失败的罪魁祸首。对数字化成熟度的全面评估需要对公司的流程、技术和文化的成熟度进行诚实的评估。这一点至关重要，因为你的企业的强弱取决于其最薄弱的环节（这和木桶理论类似）。在你的企业整体推进到下一个发展水平之前，你可能需要在特定层面迎头赶上。在第 4 章中，我们将会更多地讨论提升数字化成熟度路径的问题。

小结

我的经验告诉我，在任何时刻，一个企业的感知位置与实际位置之间往往存在显著的认知差，这往往导致糟糕的决策。数字化项目并不免受这些糟糕决策的影响。由于它们经常是基于错误的前提发起的，导致了错误解决方案的实施，因此大多数数字化项目屡屡失败并不足为奇。

这一章提供了一些实用的见解，告诉我们如何摆脱对现实的潜在狭隘看法。通过培养你的数字化意识，你可以在不同时间点变得更加开放，从而能够接受多种不同的观点和看法。

知识要点

- 通过拍摄快照，来了解企业当前的战略以及前进的方向。有几种框架可供你进行全面评估，但重点是拓宽对当前形势的解读，而不仅是填充这些框架。
- 一张快照不足以表达全貌。在不同时间点拍摄不同的快照，以更准确地呈现你们的当前状态。
- 企业会因为移动或漂移而改变位置。请掌控你的企业，确保企业位置的变化是移动的结果，而不是漂移的结果。
- 衡量你的企业当前的绩效水平。绩效不仅仅关乎盈利，它还涉及评估企业对环境和核心利益相关方的影响。只衡量重要的东西，数字至关重要，但它们并不能说明全部情况。
- 在评估你的企业对变革的准备情况时，特别要注意区分利益相关方中的真正的怀疑主义和自私自利。
- 现实是抽象的，你对它的看法会因你与之距离的远近以及你观察的角度而异。对现实的扭曲观念将会催生不兼容的解决方案，因此，一定要专注于达成共识，以获得你的企业内所有利益相关方对需要采取的行动的广泛认可。如果现实是基于多个利益相关方的观点，那么它将变得不那么扭曲。

- 利益相关方可能会故意分享与其自身真实情况相扭曲的版本。你需要了解其根本原因，这主要是由他们的恐惧、无知或贪婪造成的。
- 持续不断的渐进式革新比间歇性的革命要更好。因为革命会造成重大伤亡、痛苦和动荡，并破坏企业的内部和谐，使其难以正常运转。

| 第二部分 |

构建敏捷数字化战略

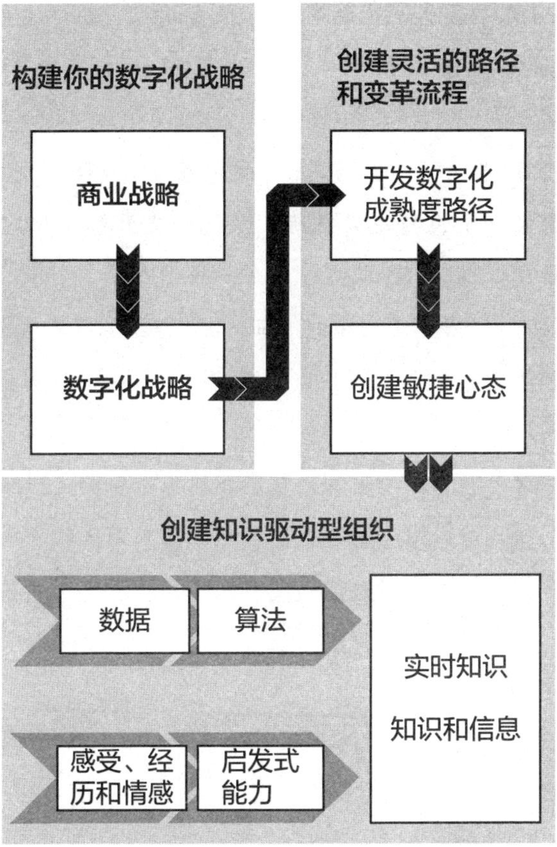

规划你的数字化未来并做好改变的准备

正确的数字化规划是成功实施数字化项目的最佳预测指标。数字化规划并不是为未来制定复杂、详细和难以理解的行动指南，而是一种在数字化正念的响应中自然呈现的流程和思维方式。

数字化规划需要审视影响数字化项目成功的关键外在和内在因素的变化特性，并具备前瞻性能力，以预测并迅速适应环境变化。这包括：

- 构建与你的商业战略保持一致的数字化战略。
- 遵循一个清晰定义且响应及时的提升数字化成熟度的路径。
- 创建一个知识驱动型的组织，该组织结合算法生成的信息和从启发式能力应用中产生的洞见，以形成实时知识。

第 3 章
规划数字化征途

不要漫无目的地漂移，而要朝着可控的方向移动。渴望、鼓舞、引领、失败、学习、跌倒、站起来、改进、咬紧牙关。然后成功，当然，还有庆祝。

这段旅程不断重复，永无止境。请睁大眼睛，尽可能地展望未来。在你的脑海里将其可视化，有助于你构建企业的战略。我一直这么做。想象未来是一个由数百万条道路组成的复杂迷宫，蜿蜒曲折引向地平线之外隐藏的无限种可能和机会。在脑海中不知疲倦地旅行，去看别人看不到的东西。在别人认为不可能的时候，你要想到可能。在别人认为软弱无力的时候，你要想到力量。当别人想到过程跌跌撞撞的时候，你要想到最终的目标。

如果某件事从未被做过，那么总会有第一次做的时候。要想取得成功并不容易，它不适合胆小怕事的人，成功全在于努力工作，对你的愿景持之以恒和矢志不渝。

你的数字化转型之旅也不例外，它不仅需要一个愿景、明确的目标和目的，还需要领导力、动力和毅力来抵达终点。许多企业从未完成他们的数字化之旅，因为他们的领导者从一开始就根本不知道自己要去哪里，他们没有认真地规划路线，而是在漫无目的地游荡，希望突然碰到宝藏。你的数字化之旅需要有一个愿景，它需要有一个最终目的地，你的企业最终将到达那里。

不言而喻，你的数字化战略应该与商业战略保持一致。依据商业战略，你的数字化战略接下来可以采取不同的路径。

商业战略：数字化之旅的起点

“你的商业战略是什么？”这是我在与高级管理团队开始数字化转型项目之前，问他们的第一个问题。这是一个简单的问题，但我在很多次提问后仍然会感到惊讶，因为我最终要么看到一张茫然的面孔，要么由于我胆大妄为地提出这个问题而受到惩罚，不得不坐着听一场极其折磨人的陈述，详细到列举了非常多的行动和举措以至于没有人能看清楚问题的本质。下面这个案例研究完美地说明了这个问题。

案例研究：渡轮服务运营的全面改造

问题

一家渡轮服务公司通过几个相互独立的遗留系统来管理其日常运营。公司领导最初希望通过升级系统以提高运营效率，因此高级管理层要求我为一个集成的 ERP 解决方案制作功能需求规范。

挑战

- 缺乏正确的愿景、方向和目的。
- 没有明确定义的商业战略或竞争优势来源。
- 没有正式的战略型数字化路线图来概括核心优先事项和举措。
- 严重的收入流失。
- 高度依赖旧系统。
- 缺乏适当的内部控制程序。

解决方案

我说服高级管理团队，在我们能够制定数字化路线图和基础功能需求之前，先要制定一个商业战略。我们取得的工作成果包括：

- 为公司领导提供有关他们周边市场开发的洞察。
- 通过与关键利益相关方的几次研讨会，识别出企业的核心优势、劣势、机会和威胁。
- 对企业相对于竞争对手的地位进行比较评估。
- 制定新的愿景和使命。
- 确定要实现的关键战略目标和要追求的竞争优势来源。

该战略确定了23项核心建议，并将其分为4大类：收入最大化、能力优化、运营效率和自动化提升、人力资源开发。从技术角度出发，鉴于我们从运营中发现了重大的收入流失，我们建议渡轮公司优先考虑简化和自动化登船和售票流程来提高效率。

成果

- 提议的战略得到广泛接受。
- 通过改进服务交付和更好的流失控制，带来了收入流水的显著增加。
- 更短的登船时间。
- 公司为运营转型所做的原始投资在6个月内得到了回报。

商业战略的多维聚焦

虽然这不是一本关于商业战略的书，但我们不能忽视商业战略与数字化战略之间的联系。对于我来说，一个企业的商业战略就是用其竞争对手无法想象的方式，简单地通过连接点来识别商业需求，并用竞争对手无法做到的方式开发出独特的更好的方法来满足这些需求。根据我的经验，一个企业真正的商业战略很少归因于特定的标签和/或在二维矩阵上的位置。实际上，商业战略超越了它们，跨越一系列聚焦领域，这些领域使得企业的地位独一无二，可以被简洁地分类为：

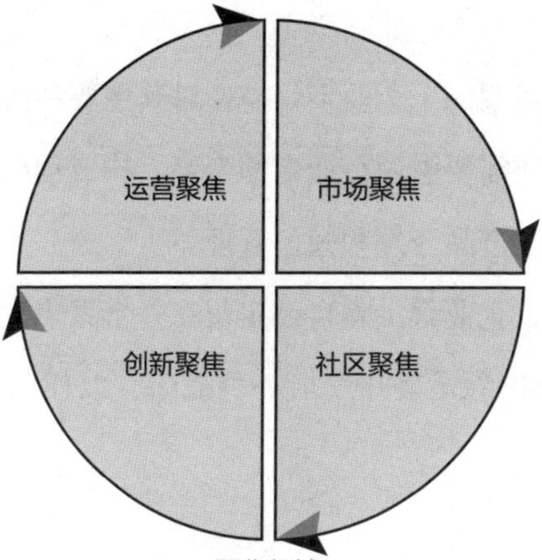

聚焦领域

市场聚焦

这些战略通常通过在其行业或利基市场中开发品牌领导力，创造与客户需求相符的优质定制化产品，强调提供无与伦比的客户体验服务，以及通过有效的网络开发扩大其影响力，从而提升企业的市场份额。

社区聚焦

这些战略通常具有更广泛的范围，并寻求优化与广大利益相关方社区的关系，以造福于利益相关方、员工和环境。它们满足了企业在环境、社会和治理方面的义务。

运营聚焦

这些战略是内部导向的，努力在企业的各个层面掌控质量和效率，将重点放在精益数字化、敏捷性、绿色倡议、知识管理以及产品和服务的开发上。

创新聚焦

这些战略强调一个企业不仅需要对其主要利益相关方保持持续的相关性，还需要引领行业内的变革。构成创新聚焦的核心要素包括敏捷性、产品开发和知识管理。

在实践中，企业很少将自己定位在一个聚焦领域，而是结合这些领域中的几个元素开发出一种战略，以便与竞争对手区分开来。

让数字化战略与商业战略保持一致

如果一个企业的领导层误解了商业战略的概念，那么对他们来说，开发数字化战略的想法就如同天方夜谭。根据我的经验，在多个案例中，数字化项目最初是作为小型、独立的举措启动的，并逐步演变成了企业难以应对的压倒一切的项目。在其他情况下，领导团队出于本能反应启动了数字化项目，以应对突如其来的危机。在这两种情况中，都没有定义一个具体的项目来设定数字化项目的优先级，以及领导者希望它们产生的结果。

商业战略与数字化战略之间的联系至关重要，因为后者应专注于实现前者的目标。数字化战略的目的是要协调一系列动态要素，当这些要素结合在一起时，就能利用在商业战略中定义的竞争优势来源。如图所示，数字化战略有 8 个不同的杠杆。当这些杠杆以不同的配置结合使用时，就能够在我们之前讨论的一个或多个聚焦领域中创造竞争力。

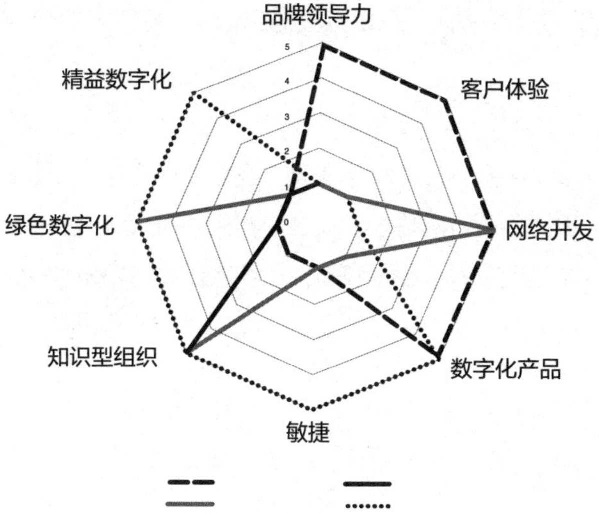

数字化战略选项

客户体验

当今的竞争是关于客户体验方面的，而不是关于产品和服务的。如果你的商业战略是基于与竞争对手的差异化，那么在你的数字化战略中强调客户体验是有效的。

客户体验涉及业务中任何影响客户感知和感受的因素。如果你的企业的结构、系统和流程是围绕客户旅程构建的，那么客户体验将得到提升。

案例研究：将保险承保人重新定位为以客户为中心

问题

一位保险公司的总经理要求我协助他实施一个新的业务系统。他最初的请求仅仅是切换到一个更为现代化的操作系统，但我成功说服他开启一段长期的数字化转型之旅，这也使得他的企业被重新定位，从以产品为中心转变为以客户为中心。

挑战

- 高层管理人员对数字化潜力的认知有限。
- 依赖一个即将不再得到支持的过时遗留系统。
- 遗留系统与其他系统之间没有实现集成。
- 复杂的保险时间表和保单措辞。
- 过分依赖手动流程。
- 主要的监管改革。
- 承保人在处理多种保险产品方面的知识有限。
- 对引入增强型自动化和商业智能的文化阻力。

解决方案

我推出了一个内容丰富的数字化转型项目，主要包括：

- 全面重组承保部门，将其从产品线（汽车保险、旅游保险、个人保险等）中剥离出来，并围绕个人客户、企业客户和贵宾客户（VIP）进行重新构建。

- 创建一个集中的后台办公职能部门，专注于处理承保风险管理，且该部门由经验丰富的承保人领导，并利用商业智能工具分析来自新保险业务系统的数据。
- 对前台人员进行培训，以处理多种保险产品。
- 使用模块化方法简化保险时间表和保单措辞。
- 简化核心承保业务流程。
- 自动化工作流程。
- 将新的保险业务系统集成到财务系统和商业智能应用程序中。

成果

- 改由单一接口为客户提供服务，客户满意度显著提高。
- 由于承保人专注于满足客户的整体需求，员工满意度显著提高。
- 由于对客户有了更加深入的了解，产生了交叉销售机会，从而提高了销售额。
- 风险管理职能集中且在很大程度上实现自动化，显著降低了成本。

品牌领导力

如果你想成为市场上的领导者，没有什么比拥有最好的产品和/或服务来满足客户的需求更有效了，但在一个信息过载的世界里，客户的关注已经成为一种稀缺资源。除非你努力追求品牌领导力，否则你的产品和/或服务可能会成为世界上保守得最好的秘密。品牌领导力能够使你脱颖而出，能够以比竞争对手更高的价格占据市场。

除了拥有无与伦比的产品或服务之外，赢得关注之战涉及采用两阶段的战略。首先，你需要开发出清晰并且引人入胜的信息和内容，来传达你的产品或服务的核心价值以及它为客户带来的价值。如果你在销售基于知识的服务，那么开发前沿内容则变得更加重要，因为你的核心目标是在行业中确立自己的思想领袖地位。

一旦内容开发完成，你就需要适当地将其传达给目标受众。这种沟通通常通过专门的网站、电子商务平台或如 Facebook、Instagram、LinkedIn 和 Twitter 等社交媒体来进行。在可预见的未来，元宇宙很可能成为发展品牌领导力的有力媒介。

数字化产品

与实体产品和服务不同，将数字化产品传递给消费者的边际成本接近零。对于一家软件公司而言，它出售的用于其专有 ERP 系统的授权数量对其成本结构的影响是有限的（客户支持成本除外，这通常是单独收费的）。依据与内容所有者签订的授权协议，一个有线电视网络运营商的成本，不太可能由于其现有基础设施所能管理的用户数量变化而受到重大影响。

因此可以推断，数字化产品的定价更多的是基于消费者效用，而非生产成本。当公司对其数字化产品所收取的价格等同于客户所认定的效用价值时，利润便会达到最大化。

问题在于，消费者效用不仅难以衡量，而且在不同客户之间也存在相当大的差异。一位企业家可能愿意支付高额费用来订阅有线新闻网络（CNN）和消费者新闻与商业频道（CNBC），以便及时了解国际新闻和市场动态。然而作为两个小孩的父亲，为了保持理智，我愿意牺牲一切只为能访问尼克儿童和少儿频道（Nickelodeon and Nick Junior）！

对于管理数字产品的多元化消费者效用基础而言，采用版本控制和捆绑策略确实是一种最有效的方式。简而言之，版本控制和捆绑销售是数字化产品的两大支柱。版本控制指的是开发同一产品的基础版本和高级版本，并设置不同的定价点的做法。例如，Adobe 向任何用户提供其 PDF 阅读器的免费版本，但要求用户付费订阅其 PDF 编辑功能。

具有讽刺意味的是，提供产品的不同版本的成本比提供一个标准版本的成本要高。然而，版本控制通过为那些认为全版价格超过他们从中获得的价值的客户提供产品，从而使这些客户从产品中获得的效用达到最大化。

另外，捆绑销售是指将多个单独的数字化产品组合在一起作为单一套餐提供给消费者的做法。捆绑销售旨在通过平衡客户对不同数字化产品所赋予的效用价值的变化来实现利润最大化。

我用一个实例来说明这一点。假设你愿意每月支付 5 美元来获取 CNN 和 CNBC 的观看权限，因为你是一个热心的企业家需要了解周围发生的事情，但只愿意每月支付 3 美元来观看尼克儿童和少儿频道，因为你的孩子正在长大并且很少在家。然而，我只愿意每月支付 2 美元来观看 CNN 和 CNBC，但我愿意每月支付 6 美元来获取尼克儿童和少儿频道的观看权限，因为我的电视被我的孩子们控制了，他们是《海绵宝宝》《汪汪队立大功》和《危险力量》的狂热粉丝。如果捆绑包的价格是每月 3 美元，我们俩都会订阅尼克儿童和少儿频道，但网络运营商将会每月从我这里损失 3 美元的收入，因为我愿意每月支付 6 美元。也有可能，你会认为这太贵了而放弃订阅，网络运营商仍然会每月损失 3 美元的收入。

同样的论点也适用于 CNN 和 CNBC，因此网络运营商可以通过将 CNN 和 CNBC 与尼克儿童和少儿频道捆绑在一起，以每月 8 美元的价格出售，从而最大化其收入。在此价格上，我们都愿意订阅这项服务，从而使网络运营商从我们的效用中获得的价值最大化。

知识型组织

我承认，我是一个超级英雄的铁杆粉丝。我有史以来最喜欢的电影是《蜘蛛侠》，本叔叔（Uncle Ben）的名言仍然在我的脑海中回响："能力越大，责任越大。"

你能拥有比获取知识更强大的力量吗？在希腊神话中，普罗米修斯为了将知识之火传授给人类，不惜违背众神之意将其盗走。在当今世界，科技仍然是保持火焰燃烧的最佳媒介，因此，一个缺乏知识管理环节的数字化战略注定会失败。我们将在第 5 章更深入地探讨知识的力量以及如何利用科技将其潜能最大化。

绿色数字化

绿色数字化解决方案不仅是道德的，也是有利可图的。全球变暖、气候变化和净零排放经济（net-zero economy）日益成为整个社会的核心关注点，对于那些具有减少碳足迹的道德、伦理以及在某些情况下承担法律责任的企业而言更是如此。

欧盟委员会认为，目前欧洲面临两个主要挑战，即绿色转型和数字化转型。委员会认为，“这些可能看起来是两个不同的问题，但实际上，它们是孪生挑战：没有一项能够在离开另一项的情况下取得成功”。数字化可以通过几种方式帮助企业支持绿色议程。最基本的方式包括合规、环境智能、流程自动化和资源优化。

合规指的是企业用来更好地管理和报告其环境责任和义务的系统和流程。这些责任和义务在金融服务行业变得越来越重要，金融服务行业必须应对大量的监管要求和法规文件，这些要求和文件可能会增加公司的运营成本，产生通货膨胀效应。正因为如此，监管科技系统提供商正在调整他们的产品，以考虑这些新的环境义务。

环境智能是指一个企业捕捉环境数据并评估其对碳足迹整体影响的能力。环境智能通常嵌入在监管科技系统中，因为数据报告是一项监管要求。这种智能可以帮助企业了解其对环境的影响，并制定运营改进措施以减少其碳足迹。

绿色数字化系统需要消除和/或减少浪费和低效率，以创建一个强大且一致的流程。这对环境有着直接的影响，体现在能源消耗降低、错误率降低及返工数量减少，以及物流和供应链管理的改进上。此外，自动化不可避免地促进无纸化办公室的兴起，因为跟踪活动所需的文档变少了。

资源优化是指在不损害最终产出的情况下，最小化开发产品

和 / 或提供服务所使用的资源的能力。数字化帮助企业改进其规划和调度实践，以便与潜在需求保持同步。

精益数字化

精益方法对于任何业务都很重要，但如果你的竞争地位是基于低成本的话，它们就变得至关重要。精益是关于削减多余的脂肪以达到苗条状态的。换句话说，它就是要消除浪费和工作重复。同时，它也是关于标准化和自动化的。

精益数字化涉及以低于当前的成本提供相同或更多的价值。这个概念是必须牢记在心的，因为减少价值以降低成本最终可能会毁掉你的业务。

案例研究：在食品物流公司实施精益数字化

问题

一家食品物流和批发公司不得不进行大笔投资以建设新的运营设施，用于接收、储存和发送极易腐烂的物品。公司领导层希望对其运营进行全面改革，并通过业务流程的数字化，来实现成本效益。我被聘请来支持这一过程的实施。

挑战

- 使用过时的设备和工具来支持运营。
- 设施不足和运营布局不当。
- 业务流程粗糙，且主要基于手动系统。

- 缺乏合适的质量控制系统和质量保证框架。
- 由于过度依赖手动流程，导致工作重复。
- 食品处理过程中缺乏适当的卫生标准。
- 食品浪费过多。

解决方案

这包括：

- 设计一种先进的最佳实践方法，用于管理新鲜收获的农产品的接收、存储、控制、拍卖和最终发货。
- （通过专业工程顾问的支持）设计适当的工业布局、技术和基础设施，以处理新鲜收获的农产品的所有物流、存储和控制。
- 在设计用于管理和控制责任追究与拍卖流程的业务流程时，采用安全且可追溯的方法来确保整个过程的透明度。
- 生成一个功能性、操作性和技术性的规范文件，在采购过程中使用。

我的解决方案是实施一个看板系统，该系统将食物农产品分为三个质量等级，通过一个新的质量管理系统进行评估，以最小化存储需求。食物农产品被电子秤称重，并根据质量等级被引导至一个单独的运营工作流程。每条生产线被划分为四个主要活动，包括挑选、分拣、包装和贴标签。

在对新设备和作业布局进行投资后，操作流程实现了全自动化。每个流程都引入质量控制。录入和输出数据直接通过设备收集，并传送到新的 ERP 系统解决方案中。该系统被整合到一个 BI 工具中，这触发了为采用准时制（just-in-time）方法所需的拉动式系统。

成果

- 食品物流运营的改进和现代化计划。
- 为精益流程制定数字化路线图。
- 为技术基础设施的发展制定明确定义的规范。

如果你的业务流程处于良好状态，将数字自动化作为精益倡议的一部分引入是很好的，但如果你的企业内部秩序混乱，数字自动化的引入将可能是灾难性的。为了应对流程效率低下的问题，一些公司引入了机器人流程自动化（RPA）来完成繁重的工作，但 RPA 并不总是奏效。实际上，与用复杂的技术来管理复杂性相比，简化流程更好，因为自动化的效率可能与战略的敏捷性发生冲突。效率需要纪律、稳定和结构。相比之下，敏捷性需要决策、行动和改变的自由。

网络开发

网络开发对于那些客户体验的关键组成部分是访问广泛社区的企业而言至关重要。社交媒体是一个很好的例子。Facebook 和 LinkedIn 的价值在于它们庞大的已安装用户基础，这反过来又吸引了越来越多的用户，其影响是呈指数级增长的。

用户吸引更多用户的效应更为人们所知的是网络外部性，其好处并不局限于社交媒体。实际上，它们在许多其他商业活动中也很普遍。只要想想选择哪家餐馆去吃饭的情况，是那家空无一人的餐馆，还是那家忙忙碌碌、客流源源不断的餐馆？你会选择哪一个？我敢肯定可以猜出答案。

客户选择使用一个拥有广泛网络的机构，并不仅是基于这样一个前提：即与竞争对手相比，大型网络意味着产品和服务的质量更好。这更多地与人类需要归属于一个广阔社区的内在需求相关联。在一个空无一人的餐馆用餐很无聊；作为一门大学课程里唯一的学生会感到孤独；向只有一小部分客户的承保人购买保险并不令人安心；把汽车停在一个荒凉的停车场可能会让人感到恐惧。

网络开发中最大的挑战首先在于如何启动它。一旦网络开始起飞，它就会呈指数级自我扩展。技术为企业快速推进其网络开发过程创造了巨大的机会，但需要明智地使用它。

数字化项目专注于网络开发，旨在激励社区内的更广泛参与，产生并创造更多的客户、供应商、合作伙伴和员工，以提升你的品牌知名度并促进业务增长。它们将内容开发和管理作为更广泛的引入式营销策略的一部分来优先对待。

最近，我注意到全渠道战略成为数字化项目的核心组成部分。全渠道战略通过各种接触点为客户提供一个完全集成的购物体验，这包括从实体店到虚拟店。

全渠道战略背后有一整套科学原理，如果我只是浅尝辄止地讲述其基本原则，那将无法对其做出公正的评价。简而言之，根据 Campaign Monitor 的数据，采用全渠道方法的营销人员在其营销活动中的客户留存率比仅使用单一渠道的营销人员高出 90%。难怪全渠道银行业务已经风靡整个银行业。通过这种方法，客户可以通过不同的接触点访问银行服务，包括通过他们的网站、移动应用程序、银行分支机构、呼叫中心或任何其他可用的渠道。在运营层面上，全渠道带来了一种银行平台，它能够在所有渠道之间实现实时的数据同步。

敏捷和响应式变革

战略敏捷性建立了动态能力，以应对环境中的变化，保持领先地位。敏捷意味着牺牲一些效率和标准化，但这也意味着优化客户体验以保持相关性。这意味着，你要眼观六路、耳听八方，时刻保持警惕，以便快速响应环境中的变化。

快速决策需要立即访问数据，并通过自动化过程将其转化为知识。商业智能解决方案和仪表盘变得至关重要。快速决策还需要快速实施。尽管集成解决方案效率高，但它们会拖慢进程，因为简单的变更会影响整个系统。在敏捷性至关重要的情况下，模块化系统的应用变得必不可少。

我坚信，在当今这个快速变化的环境中，将敏捷性融入你的数字化能力中，是成功有效实施数字化系统的一个重要组成部分。第 4 章将对此进行更详细的阐述。

乐高数字化解决方案是一个利用战略敏捷性取得成功的典范。2014 年，该公司决定使用规模化敏捷框架（SAFe）过渡到敏捷开发，这是对敏捷工具使用的一种改进实践。根据

Bootcamp 的说法，数字化转型项目确定了四个关键挑战以实现向敏捷的转变，这些挑战包括：跨团队一致性、客户合作、发布计划和平台开发。总共 20 个高效协作的团队被建立起来，用参与了该项目的敏捷教练亨利克·克尼伯格的话来说，即“共享冲刺节奏、去中心化的同步和依赖管理”。这个敏捷项目的结果是，创建了以产品为中心的团队，用以团队为中心的关键绩效指标（KPI）取代了个人目标，并增强了业务团队和技术团队之间的协作努力。

小结

构建你的数字化战略很简单，但并不容易。实际上，它涉及基于一个或多个重点领域来定义你的商业战略，并让你的数字化路线图与该商业战略保持一致。你通过同步 8 个数字化杠杆来实现这一点。本章向你概述了这些要素中的每一个，以及它们如何需要相互协调，以便从你的数字化战略中获得竞争优势。

知识要点

- 商业战略是数字化之旅的起点。实际上，许多企业并没有一个明确界定的商业战略，请确保你的公司不会重蹈覆辙。
- 商业战略通常不能简单地套入传统的二维矩阵中。相反，它们通常根据不同的重视程度分布在 4 个重点领域：市场、运营、创新和社区。

- 可以通过在以下8个杠杆上同步你的数字化能力，让你的数字化战略与商业战略保持一致：
- 客户体验关注的是发展旨在提升客户旅程体验的各项能力。
- 品牌领导力需要使用你的网站和社交媒体来传播信息，以及展示你的产品和服务。
- 知识型组织寻求最大化技术的力量，并结合隐性信息和显性信息，创造全组织范围内的专业知识。
- 数字化产品开发需要在版本控制和捆绑销售策略之间找到正确的平衡点，以最大化客户效用。
- 精益数字化系统专注于简化和自动化流程，以便最大限度地减少企业运营中的浪费。
- 绿色数字化系统能够促进企业履行其减少碳足迹的承诺。
- 敏捷系统创建动态流程，以便使企业能够快速做出决策，同时迅速响应变化。
- 网络开发系统利用企业的能力，通过与关键客户和其他利益相关方建立联系和联结，以促进其业务的增长。

第 4 章
创设灵活路径与变革进程

你已经构建了数字化战略，并且它与你的商业战略完美契合。你已经详细规划了接下来的每一步，确定了预期的收益，设立了项目优先级，并为相应的数字化项目分配了资源。太棒了！干得漂亮，给你自己点个赞。

你现在所需要做的，就是将你的数字化战略复印多份，打印在光鲜亮丽的纸张上，并且为你的员工做一场华丽的报告。然后你让每个人回到工作岗位，并按照数字化战略的指示一步一步执行，这样你的使命就完成了。听起来很简单，不是吗？

但残酷的现实情况却是，无论你如何精心制定数字化战略，只要你一按发送键或打印键，该战略立刻就过时了。为什么还要费这个劲呢？很遗憾，未来有一种不可思议的本领，那就是它不会听从你的指令，而且总会在你最意想不到的时候背弃你。为什么它就不能坚持按照计划进行呢？这是否意味着你所有的商业和数字化战略都变得无关紧要了？难道你精心规划和构建的数字化旅程全都变得毫无意义？

请允许我安抚一下你的焦虑情绪。即便事情没有按计划进行，构建你的数字化战略依然有着无与伦比的价值。事实上，一个计划的终极价值并不在于计划本身，而在于你通过理解以下情况而获得的洞见，即一个成功的计划发生任何变化所带来的影响，以及计划如何能够适应新环境。根据我的经验，我知道你可以通过遵循两个简单的原则来确保你的数字化战略与不断变化的环境保持相关性。现在，让我们来详细了解一下这两个原则。

定义数字化转型成熟度提升路径

是的，在商业竞争中，跑得快是获得竞争优势的关键所在，但不要急于求成。学会爬之后再学习走路，学会走路之后再学习跑步。

数字化转型不是简单地按下开关就能实现的。它涉及一场重大的文化变革。如果你的企业之前曾对制造了导致亚马逊雨林一半面积被毁的纸质文件记录而负有责任，那么你肯定不能突然施展魔法使工作流程自动化，在最后时刻拯救几棵树的命运。你可以做的是按照我所说的数字化转型成熟度提升路径（DTMP）一步一个脚印地前进。我开发了这个框架，以帮助领导者在他们企业可以掌控的周期内加快转型步伐，而不会对日常运营造成重大干扰。

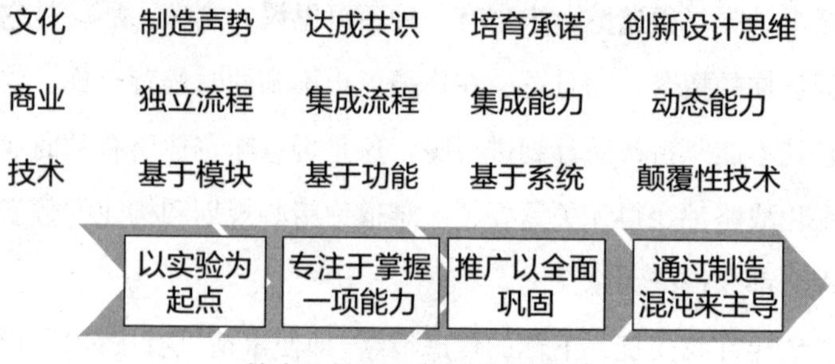

数字化转型成熟度提升路径

第一阶段：以实验为起点

这一阶段的路径适合那些尚未踏上企业数字化旅程的领导者。目标是选择一两个小型项目作为试点，通过唾手可得的成果来制造声势。在这个阶段，转变所有利益相关方的思维方式比结果本身更加重要，因此重点是培养一种转型的思维模式，并在整个企业内接受开启数字化之旅的必要性。

为培养这种思维模式，要确保你选择的试点项目是注定会成功的，并且能够在 12 周之内完成。制订一个计划来提高整个企业对数字化的认识，并利用这些试点成果来增强合法性。

案例研究：一家以实验为起点的纺织品制造公司

问题

一家拥有自营零售分销网络的地区性纺织制造公司，在其业务流程中遇到了严重的低效和重复问题。我被聘请来提供支持以帮助公司扭转局势。尽管所有利益相关方都普遍认为需要实施现代化的管理信息系统，但高级管理团队一如既往地不愿在技术上进行重大投资。

挑战

- 高级管理层对公司数字化运营的承诺不足，因为他们认为技术是一种成本，而不是战略性资产。
- 缺乏适当的战略性数字化路线图。
- 缺乏适当的管理信息系统设置的能力。

- 依赖基于过时的磁盘操作系统的基础遗留系统。
- 整个供应链和生产流程中存在重大效率低下问题，导致工作重复、成本过高和质量问题。
- 缺乏可靠的知识和信息来做出决策。

解决方案

我的解决方案包括实施一个试点项目，以评估一个更广泛、更全面的系统的有效性和益处。这包括：

- 将设计到采购流程（design-to-procure）确定为试点项目，因为它存在显著的效率低下问题。
- 应用精益数字化原则来简化核心活动。
- 记录完成设计到采购周期所需的关键流程、政策和程序。
- 采购功能性标准的发展和对自定义的设计采购模型的应用都为 ERP 解决方案增加了复杂性。
- 推出和实施一个从设计到采购周期需求的纺织业专用解决方案。

成果

- 成功实现设计流程的数字化。
- 基于预设的产品代码和样式对材料进行标准化加工和分类。
- 基于数字化纺织设计，对所需材料自动进行成本核算。
- 由于减少了与供应商的互动，材料采购周期将缩短。

- 由于面料裁剪过程实现了数字化优化，材料浪费显著减少。

高级管理层对结果非常满意，以至于他们开始考虑采用物联网和人工智能等新兴技术，以优化材料和服装的物流和运输。

第二阶段：专注于掌握一项能力

DTMP 的这一阶段，适用于那些已接受数字化运营理念的企业领导者，但其商业模式、人员和技术元素仍然主要基于手工系统。在此阶段，你需要专注于一项能力，而不是一个流程，这对你的商业战略至关重要，并将其作为数字化的核心优先事项。能力是指你的企业所具有的一系列技能和 / 或能力，它们能为你的客户创造价值。能力是通过一系列相互关联的基础流程来开发和定义的。

一旦你确定了核心能力，就需要识别构成它的基础流程和所需的资源。然后，围绕增强或转变你已确定的构成核心能力的流程，制定一份数字化路线图。

案例研究：一家专注于掌握一项能力的建材公司

问题

一家建材公司的营业额在显著增长的同时，利润却在下降。领导团队已经实施了一些零星的数字化举措来控制成本，并取得了一定的成效，因此他们聘请我来提供支持，以开发和实施一个全面的数字化转型项目。

考虑到原材料大约占企业总运营成本的30%，我建议该项目最初侧重于改善从现场申请到采购、物流和使用的整个材料流转周期。

挑战

- 没有适当的材料政策和程序。
- 各利益相关方强烈抵制引入任何形式的规划程序，因为他们认为材料需求“不可能提前做好规划”。
- 大多数职能和部门的IT知识还处于基础且有限的水平。
- 中央仓库的作用被完全绕过，大多数项目负责人会在需要时直接从供应商那里处理自己的材料订单。
- 没有适当的产品编码系统。
- 缺乏适当的内部控制来追踪材料流动。

解决方案

根据我的经验和可用的实证证据，我指出材料规划不佳是导致类似企业中约60%成本效率低下的原因。我的解决方案包括：

- 将材料转型项目集分为四个项目。
- 在每个12周的时间框架内完成每个项目，以制造声势。
- 制定材料使用和采购政策以供批准。
- 开发一个与年度预算过程和招标系统相关联的结构化材料规划流程。

- 重组和重新利用中央仓库，并引入现场仓库和暂存区的概念。
- 引入全球定位系统和物联网系统，以跟踪和监控多个客户现场的材料分发物流操作。
- 利用专有系统作为平台，简化和自动化工作流程。
- 让各级员工参与，以获得利益相关方的支援。

成果

- 改善了材料需求在流程各阶段的可见性。
- 显著减少了库存盗窃、浪费和材料损失。
- 显著提高了储存常用物品仓库的利用率。
- 降低了由于使用有缺陷的材料而造成的返工率。
- 大幅缩短了采购流程中的交货时间。
- 成功实现了材料使用、采购和仓储流程的自动化。
- 显著降低了材料成本占营业额的百分比。

第三阶段：推广以全面巩固

这一阶段的路径适用于已经成功掌握一项能力，但需要发展其他能力以产生竞争优势的企业。在这一阶段，你的关键任务是确定进行数字化转型所需的其他能力的优先级。定义多个能力之间的联系，并确定如何创造协同效应。制定一个数字化路线图，将开发技术的统一愿景结合起来，以最大限度地发挥构成企业竞争优势的核心能力组合。

对于案例研究中的建筑材料公司，在材料控制周期实现数字化之后，我说服高级管理人员将该项目扩展到构成其竞争优势的所有主要核心能力。由于建筑材料的生产必须根据特定现场的要求进行定制，因此该企业必须掌握项目管理的艺术。材料、劳动力和生产设施必须适当同步，以确保按照时间、成本和质量目标完成客户订单。

我将管理人员的规划工作扩展到企业流程的各个方面。我开发了一个基于专有系统的预算流程，该系统与公司预算以及各个战略业务和订单相关。通过作业管理系统管理现场资源，该系统具有安排所需劳动力、材料和设备的功能。然而，该项目的真正价值是企业中的范式转变：不是严格按照固定的顺序分配劳动力资源，而是根据团队的专业技能将它们轮流分配到不同的订单上。

通过系统中预先建立的算法来优化技能利用率、效率和质量，技术使其成为可能。这带来了更短的完成时间、更好的工作质量和总体生产成本的降低。

第四阶段：通过制造混沌来主导

这一阶段的路径适合那些利用技术潜力产生竞争优势，但希望通过颠覆行业来成为领导者的企业。要达到这一阶段，你需要重新评估企业的商业模式，将重点放在开拓新领域的创新能力上。

审视并评估你的行业，探索如何利用新兴技术重新定义你的竞争优势来源。然后，基于发展新能力所形成的替代性竞争优势来源，制定一个数字化路线图，为你的组织重新定位制定统一的愿景。

实际上，很少有企业有幸达到这一阶段，因为大多数企业仍在努力掌握一项能力或进行扩展以全面巩固。奈飞是罕见的一个例外，这家公司成功地重塑了娱乐行业，并使有线电视公司陷入困境。

奈飞的起源可以追溯到1997年，当时它是最早提供在线DVD租赁服务并通过邮件寄送给客户的门户网站之一。10年后，随着互联网网速的显著提高，奈飞率先推出了点播流媒体服务，标志着视频租赁业务的终结。该公司进一步引领了原创节目的开发，采用了强大的算法来分析用户数据，并根据客户的特定需求和偏好来重新调整其内容。

然而，奈飞并没有就此止步。它主动出击，开始制作自己的内容，与亚当·桑德勒、道恩·约翰逊、桑德拉·布洛克和瑞恩·雷诺兹等好莱坞明星签订了数百万美元的合同。难怪仅在2021年，就有超过27%的美国家庭计划取消他们的卫星或有线电视连接，转而支持奈飞。

培育敏捷思维，助推成功实施

仅仅有一个好的计划并不能保证成功。事实上，大多数项目的失败并不是因为设计不佳，而是因为实施不力以及对环境变化缺乏响应能力。你需要围绕你的数字化战略构建动态能力，使其具有必要的敏捷性来适应并保持与企业的外部环境的相关性。

有许多教科书和复杂的框架定义了敏捷方法，但本书是关于如何让数字化简单且实用的。正是出于这个考虑，我将与你们分享我在保持数字化战略成功和企业相关性方面发现的最关键的战略敏捷性元素。

高级领导团队推动数字化战略

数字化项目的成功实施需要专业知识和影响力。从航空公司、机场到健康基础设施、能源提供商、金融服务、银行和保险公司等企业，通常会任命 CIO 来领导此类项目。

根据我的经验，首席信息官在设计、开发和实施数字化系统方面，往往都具备很强的能力，且技术水平也很高。在大多数情况下，他们承认自己在重新定义业务流程以实现成功转型方面需要发挥关键作用，尽管他们常常认为这不如技术重要。问题是首席信息官既没有足够的权威（就权力而言）去影响利益相关方，也没有专业的知识来确定正在转型的特定流程的业务需求。

为了在一定程度上缓解这个问题，企业会任命业务流程负责人，但他们的职能主要集中在确定他们自己需要什么，而不是推动转型过程上。此外，他们经常将这一任命视为需要在日常职责之外额外完成的工作，这些日常职责通常都是更加优先的。

高级管理人员通常会被及时告知数字化转型过程的进展情况，但他们并不领导这个过程。然而，如果没有来自高级领导者的直接承诺，任何数字化项目都不太可能在业务流程负责人那里获得足够的合法性，从而得以启动实施。

一个迭代而非线性过程

即使你和企业中的其他高级领导者积极参与数字化转型过

程，也很容易陷入规划阶段而难以脱身。制订一个详尽的计划是很浪费时间和精力的，而且制订计划的过程会分散你的精力，让你无法关注真正重要的事情，即数字化转型的商业案例，这应当在你的实施计划中占据核心地位。这个商业案例应该被细分为明确的阶段性成果(里程碑),你可以将它们作为检查点来监督进展。

在规划中陷入困境，让我想起了我曾帮助过的一家运输公司。高级管理人员想要制定一项为期五年的商业战略。我几乎能感受到整个企业上下因兴奋而涌动的肾上腺素，一大群热情洋溢的管理人员及其团队排队等待贡献他们宝贵的意见。微软 Excel 的功能正受到极限挑战，因为深入的讨论催生了对一个模型的精准输入，该模型涵盖了行程路线、旅行时长、燃油消耗、乘客数量、利用率和票价等众多方面。基于输入数据产生收入流、直接经营成本和间接费用的预测结果，我可以听见键盘的每次敲击声在建筑物内回荡。当所有的假设条件都恰到好处地落实到位时，我能闻到利润被整齐地记录在电子表格里的味道。

然而，这一切都是天方夜谭。提前五年预测到某个特定目的地的旅行次数、乘客数量或费用，这完全不切实际。这个战略从一开始就注定会失败。

我支持公司领导制定一个更为轻量化的战略版本，该版本侧重于他们希望实现的总体乘客数量、目的地优先级、运输服务类型和利用率水平。这种方法为整个企业提供了一个明确的方向，同时保持了灵活性，可以根据市场在任何时点的特定要求调整其路线和运营方案。

从这个例子中我们可以学到的一个重要教训是，不要在绘图板前花费过多的时间。从第一天开始，就建立一个测试环境并运行起来。参与一个快速的持续改进循环，即快速设计、快速测试、快速失败和快速学习。然后从头再来，直到做对为止。

美国太空探索技术公司（SpaceX）就是这样做的。它立志成为第一家提供商业太空旅行的私营公司，它的愿景是通过制造可重复使用的火箭使太空旅行变得更加经济实惠。

为了加速进程，SpaceX 并没有花费数年时间设计一个功能完美的引擎。相反，它设计了一个基本模型，在现实世界中进行测试，并基于测试环境中的结果创造了一个更好的版本。通过这种方法，SpaceX 通过“爆炸”和从失败中学习，在相对短的时间内实现了预期的结果。

注重结果

在数字化转型过程中，使用合适的项目集和项目管理系统是非常重要的。变革需要纪律性以确保成功实施，也需要清晰度以提供共同的理解。问责制明确了责任，因此所有利益相关方都清楚地了解谁需要完成什么任务，并建立了评估结果的检查点。最后，承诺确保所有利益相关方都具有正确的态度和行为，以满足期望。

有几种标准的项目管理方法论可供使用，包括受控环境下的项目管理（Prince2）、项目管理知识体系（PMBOK）、敏捷软件开发框架（Scrum)和敏捷（Agile）。你从这些方面获得的结构有助于你在整个过程中建立治理体系，同时确保适当的协调，但是过多的结构会导致你的团队关注变革过程而非结果。他们过于关注遵循流程，而不是实现预期的成果，在勾选方框中打钩变得比达到目标更为重要。

复杂的结构会产生官僚主义、繁文缛节、挫败感和冗长的指挥链。这使人们变得小心翼翼，过分关注自我保护，以防止出现错误。领导者们最终只是在勾选方框中打钩以完成任务，而不是做出决策。随着需要填写的文件越来越多，需要准备的报告也越来越多，需要向上级提交的决策方案也越来越多，最终，转型会停滞不前，无法真正开始。

公共部门中有很多项目未能成功启动的失败案例，因为这些项目淹没在大量的研究、报告、检查清单、电子邮件、签名和审批之中，所有这些都是为了推卸责任。由于我的过错，我有时也不得不成为这些游戏不知情的参与者。这些游戏基于一个基本规则：将决策责任从自己身上推开，同时积累证据以保护自己免受指责。我对所谓领导者的没完没了的花招感到惊讶，他们本应更了解情况。

难怪有些数字化项目已经悬而未决好几年之久，让所有参与者都感到明显的沮丧。在我 20 多岁的时候，我参与的一个公共部门的数字化转型项目，至今仍在进行中，没有明确的结束时间。请不要误解我的意思：我也见识过公共部门中雷厉风行、富有洞察力的领导者。他们通过做正确的事情来克服失败的可能性，但我有时会想，他们是否只是例外而非普遍现象。

这并不是说，规则和指南对于实施数字化转型不重要。相反，它们是必不可少的，但更重要的是，实施过程需要符合其目的。转型项目的复杂性和严谨性与其风险、经验、复杂性和影响等因素都有关联。

在上述情况下，风险被定义为由于某些因素导致项目失败的可能性。经验被定义为由企业在实施类似项目时所拥有的整体知识和专业知识。复杂性是指专业知识的深度和广度，以及受到项目影响的各类利益相关方的多样性。影响是指项目成功的结果将增加企业价值的程度。

自上而下的方法可能对规划有好处，但自下而上的过程对感知更有好处，而规划应该基于感知起草或修订。这最好是通过采用定向方法来实现。董事会提供清晰的指导，首席执行官制定并执行战略，高级管理人员负责指导各自的职能 / 流程领域，但在实际行动中工作的人最好在自己的责任领域内保持警觉，并在发现外部环境发生变化时及时上报。

向技术和业务人员授权并对他们进行培训，以便在预定义的范围内协同工作，从源头上解决问题，而不是将问题推给上级。鼓励他们报告他们是如何解决问题的，而不是问题本身，以便其他人可以在将来学习如何在类似的情况下采取行动。

索尼公司提供了一个通过自下而上方式构建数字化战略的典型案例。该公司前总裁出井伸之授权工程师成为“数码梦想小子”（digital dream kids），这导致了一种文化，即所有员工都为公司创造和想象未来，而不是仅仅遵循指令。为加快决策过程，该公司被重组为十个具有充分灵活性和自主权的自治部门，以构建自己的未来。这种哲学使得索尼能够在其市场中开发创新多种产品，同时被公认为所在行业的领导者。

小结

由于技术混沌使得未来变得比以往任何时候都不可预测，你可能会质疑制定数字化战略的好处。然而，数字化战略的真正价值在于从规划过程中产生的学习经验，而不是规划本身。规划将提醒你外部环境的变化如何影响你的企业，以及你需要采取哪些行动来确保数字化战略保持相关性。

确保你的数字化战略的相关性需要执行三项基本行动：实施适当的数字化转型成熟度提升路径；培育敏捷文化和打造知识型组织；以实现快速决策并保持领先地位。我们在本章中已经讨论了前两个行动；下一章将重点关注第三个行动。

知识要点

- 规划过程比数字化战略本身更重要。这是因为规划过程能够让你洞察周围发生的变化，这些变化如何影响你的企业，以及需要采取哪些行动来应对。
- 实施数字化转型成熟度提升路径（DTMP），使你在实施数字化战略的过程中分阶段地管理风险。这些阶段会根据实际绩效和外部环境的变化进行动态调整。
- 对于刚开始进行数字化转型的企业来说，他们需要先从试验开始，以积累势头并促使利益相关方接受变革过程，同时确保能够快速取得成果。
- 对于利益相关方已经普遍接受数字化运营需求，但尚未开展全面数字化项目的企业，可以考虑专注于掌握一项能力。
- 已成功掌握一项能力的企业，可以参与全面的数字化项目，旨在进行扩展以全面巩固。这包括通过数字化建立一系列能力，这些能力共同构成企业的竞争优势。

- 达到全面数字化成熟度的企业可以考虑通过领导混沌来重塑自己。这需要开发创新能力，利用颠覆性技术来打破现有的商业模式。
- 分阶段的 DTMP 必须得到敏捷方法的支持，这样你就可以根据外部环境的要求对路径进行调整。
- 成功实施数字化战略，需要来自高级管理团队的领导和承诺，并采用敏捷方法。
- 数字化战略的开发和实施是一个迭代的过程，而非线性过程。
- 只有通过结构化的变革过程来管理数字化战略，才能成功地调整和实施它，但变革过程必须围绕目标展开，且不能过于官僚主义。
- 尽管高级管理团队对数字化战略的所有权至关重要，但是也要寻求在所有员工中采用从源头上解决问题（治本）的思维方式，以便当问题出现时能够被迅速解决。

第 5 章

打造知识型组织，加速决策流程

回首过去，我认为自己是幸运的。我既非生于富贵之家，也没有显赫的姓氏，但我的家人赋予我一份珍贵的礼物，即在我很小的时候就引导我发现了学习和思考的力量，我至今仍把它视为珍宝，并应用于日常生活中。

我们家的房子更像是一座图书馆，书多得几乎要溢出来。书架上、桌子上，或者其他任何能承重的地方，都满满当当地塞着书，它们都挣扎着为自己寻找容身之地。对我来说，拥有阅读热情是理所当然的，从柏拉图、亚里士多德到莎士比亚，从狄更斯、乔叟，再到史密斯、奥威尔，甚至伊妮德·布莱顿和阿加莎·克里斯蒂的轻松读物，我无不涉猎。我仍会时不时满怀深情地回忆起每天手捧一本书入睡的情景，直到爸爸或妈妈轻轻地将它放在我的床头柜上，然后关掉灯。我还记得在黎明时分从微光中醒来，继续阅读昨天没读完的部分，然后再准备开始迎接新一天的校园生活的情景。

阅读教会了我从周围的环境中吸收大量信息和知识，并将其内化为自己的东西。实施数字化转型项目也是如此。随着技术混沌的日益普遍，环境也在不断变化。我们需要通过仔细观察，认真“倾听”周围环境的变化，以保持领先地位。

技术使“倾听”环境变得比以往任何时候都更容易、更便宜。问题在于，外面的噪声太多了，去粗取精、去伪存真是一项艰巨的任务。你是否曾被员工提交的大量报告压得喘不过气来？你是否曾在寻求新知识以采取行动时，对从哪里开始阅读你所在行业最新的文章感到茫然？我相信你曾有过这种感觉，其实你并不孤单。

许多领导者和管理者都听到了一些消息，表明他们所在企业的环境正在发生变化，但他们并没有积极地去倾听来解读这些消息。如果他们未能这样做，也就无法释放知识的力量，无法在领导数字化项目时发挥自身的优势。这就是为什么我要开发一个简单的知识优化框架，它将算法创造的信息力量与实践社区共享的感受和经验相结合，以产生协同智能。

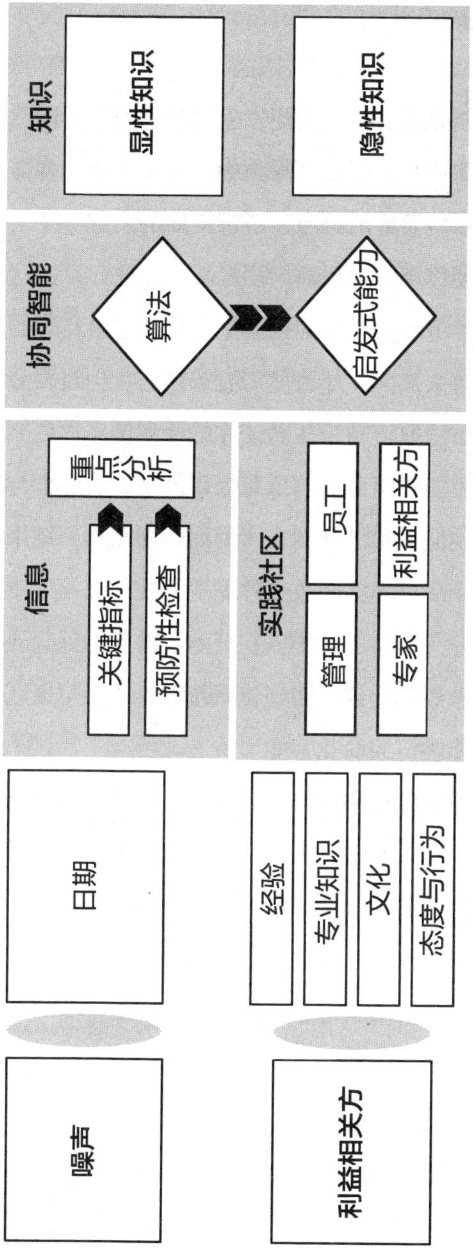
噪声
利益相关方
日期
经验
专业知识
文化
态度与行为
信息
关键指标
预防性检查
重点分析
实践社区
管理
员工
专家
利益相关方
协同智能
算法
启发式能力
知识
显性知识
隐性知识

释放知识力量的框架

“倾听”数据的智慧

许多企业领导者要么对周围发生的事情充耳不闻，要么听到的是歪曲事实的信息，要么在噪声中迷失了方向。你需要保持耳听八方的状态，但要屏蔽噪声，只听重要的内容。

专注能够使你更好地理解周围环境的变化，以及这些变化将如何影响你的业务和战略。如果某个变化因素会对你的数字化旅程的结果产生重大影响，那么你需要关注它，但过度分析会让你陷入瘫痪，无法采取行动，从而使你的计划偏离轨道。

这听起来可能很明显，但令我惊讶的是，我经常与一些企业领导者合作，他们声称已经拥有了商业智能工具，结果却发现它实际上只是一个华而不实的数据存储库。我们在第 3 章遇到的保险承保人就是一个典型的例子。在开始实施新的保险业务系统之前，我随口向总经理提到，实施该系统后管理层可以获得的最大好处之一就是能够访问商业智能（BI）。

“我有大量的信息和报告可以利用，以做出明智的决策。”他这样回答。当他带我参观一个小房间时，我感到非常惊讶，房间里堆满了大量的数据和统计资料，这些都是由点阵打印机打印出来的，这些资料毫无意义地摆在我们面前。显然，该企业需要进行大规模的整顿。

过滤噪声并理解数据

企业领导者在实施系统方面投入了大量的时间和金钱，但经验表明，人们大大低估了数据管理过程的重要性。我见过无数的系统因为数据收集过程太过痛苦而失败，人们都懒得去理会。如果数据的价值超过了其成本，那么收集和管理数据是有意义的，但我观察到的大多数的数据管理过程效率如此低下，以至于与成本相比变得不可行。

在我参与过的几个数字化转型项目中，员工们普遍抵制数据收集，因为他们认为这是一项额外的负担。“我应该集中精力帮助我的病人，而不是填写报告。”一位参与诊所日常运营的护士说。“我的客户正焦急地等待着他们的汽车被修好，而我必须停下手中的工作去填写我的时间表吗？”一个维修车间愤怒的机械师问道。“我正忙着到外面去向超市销售更多我们的产品。填写这些愚蠢的表格所花费的时间将让我无法完成我的指标。”一位沮丧的销售和送货员说。

这些都是有效的意见，不容忽视。数据收集的全部意义在于，它需要在尽可能不干扰企业运营的情况下，毫不费力地完成。真正的问题不在于是否应该收集数据，而是如何能够高效地收集数据并有效地进行分析。

在数字化项目中，我的建议是在分析数据时采用三管齐下的方法。在你的优先事项清单上首屈一指的是你的关键绩效指标。这些关键绩效指标如果无法达成，将导致你数字化战略的失败。它们通常包括客户满意度、盈利能力、流程绩效指标和生产率指标等。理想情况下，你将通过自动化流程和系统实时监控你的关键绩效指标。

在第二个层面上，我建议你定期进行检查，以随时了解你的数字化战略关键领域的健康状况。这些可能包括客户调查、运营评估和质量审查等。这样的检查有助于你发现可能在你的企业中传播的“疾病”的警告信号。

最后，对你的关键绩效指标监控或健康检查中提出的重点关注领域进行详细分析和评估。在这三个阶段中，数字化为数据获取和分析过程提供了便利。

数据、知识和信息在收集的那一刻就已经过时了，所以请不要基于过去做决策。要综合考虑到现状以及未来可能会如何变化。用于行动的关键数据和知识必须实时收集，否则可能为时已晚。你可以廉价而有效地构建自动化系统，以持续不断地收集数据和知识。

算法将数据转化为信息

在信息系统中，数据是原料，技术是设备，但生成信息的秘诀仍然是将输入数据转换为输出信息的底层算法。大多数系统都提供自己的算法来生成信息。由于这些通常都是标准的，我会将其视为必要的维护因素，但它们本身并不能产生竞争优势。

你获得竞争优势的秘密武器很可能取决于开发独特的专有算法，这些算法能够解读其他系统无法破译的混沌信息。掌握这门艺术将使你成为行业的领导者。

算法可以帮助你在日常业务运营中做出比竞争对手更好、更明智的决策。算法越能反映现实，它们为你的决策过程增加的价值就越大。但这里有一个警告：随着越来越多的变量被纳入算法中，其对企业的价值拉升幅度逐渐减小。这意味着在某种程度上，算法中增加的复杂性成本可能会超过其价值。此外，算法的高度复杂性增加了错误反映现实的风险。

案例研究：开发确定绩效相关薪酬的算法

问题

一家专业服务企业希望开发一个管理系统，最终将员工的绩效奖金与公司的整体绩效和相关员工的个人绩效联系起来。我受邀以该企业的名义开发该系统。

挑战

- 没有制定适当的整体企业战略目标。
- 缺乏明确界定的关键绩效指标。
- 无法获取前一年的数据来确定一个基线，从而无法衡量绩效改进情况。
- 员工开展的工作高度基于项目且具有独特性。
- 没有适当的技术系统来收集和分析数据。

解决方案

我提出的解决方案是：

- 制定企业整体战略，并确定核心战略优先事项。
- 在仪表盘上定义关键绩效指标，以便评估企业成功度。
- 将关键绩效指标和绩效标准从企业层面分解到业务层面，再分解到个人层面。
- 开发和制定衡量绩效水平所需的算法。
- 确定衡量关键人员绩效的关键数据采集点。
- 开发系统实施蓝图。

成果

- 审查和确定现有绩效管理系统中的不足。
- 开发出一个与基于项目的产出和收益成果相联系的、普遍接受的绩效管理框架。
- 成功实施了用于衡量绩效成果的新算法。
- 通过编写绩效管理手册和对企业中的管理人员进行培训，实现了知识转移。
- 成功管理了对现有 SAP 解决方案的修改，以便其可以考虑对绩效管理解决方案的建议。

算法生成的知识仅与底层数据一样好

如果没有优质的数据，再出色的算法和高效的系统也毫无意义。幸运的是，实际上有五个相对简单的数据管理原则：第一，仅当数据有价值（意义）时才收集；第二，除非数据符合特定标准（验证），否则系统不接受数据；第三，尽可能利用技术轻松收集数据（自动化）；第四，相同的数据点只收集一次，以避免重复和潜在的错误（只录入一次）；第五，实施适当的内部控制，以确保数据不会受到破坏（控制）。

我所见过的数据管理实践中最大的错误在于，为相同的数据创建了多个录入点。在大多数情况下，这是因为在实施管理信息系统之前，没有对基础业务流程进行适当的审查和简化。

在数据管理方面，相同数据拥有多个录入点是一个企业最大的噩梦之一。不仅效率极低，而且会引起数据缺乏完整性的严重问题，并可能导致结果相互矛盾。一个明显的例子就是，我曾支持的一家公共部门企业对其运营进行审查。作为起点，我要求提供与其员工编制相关的成本细目。当我收到三份清单时，我感到很惊讶，一份详细列出了该企业花名册上的员工，一份是工资单，还有一份是由中央政府的人力资源部门提供的材料。每份清单的结果都各不相同，我无法进行调和。

这并不是个例。我在公共部门和私营部门每天都会面临类似的问题。例如，一家零售公司的库存量和实际收货量之间存在严重的不匹配；一家维修公司的营收与客户所支付的工时费之间存在巨大差异；一所大学的学费收入与课程注册学生人数之间不匹配。这样的例子数不胜数。

案例研究：实施“只录入一次”原则的可行性研究

问题

一家受政府委托协调公共部门数字化议程的企业想要评估实施“只录入一次”原则的可行性。我受命领导该进程，准备一份招标文件以进行推进项目所需的可行性研究。

挑战

- 依赖遗留的、孤立的、不兼容的技术系统。
- 政府各部门间数据采集和维护缺乏适当的标准化。
- 由于数据保护问题，数据共享受到限制。
- 政府各部门普遍存在大量相同数据的重复录入点。
- 政府各部门间相同数据的输入存在显著不一致。

解决方案

我提出的解决方案是：

- 审查基础登记册的内容，并推荐应包含的数据元素。
- 审查、定义和制定符合“只录入一次”原则的基本业务流程，这些流程是在基础登记册内收集必要数据元素所需要的。
- 对于在四个已确定的试点项目中利用服务的公民和商业组织，进行分析评估。
- 就如何在整个政府范围内实施“只录入一次”原则提出推荐建议。

成果

- 成功定义基础登记册中的数据元素，并将其纳入相关法律，以便政府各部门间共享信息。
- 四个试点项目通过审批的文档化流程，消除了相同数据的多个录入点。
- 成功定义合同条款和技术附表，作为招标过程的一部分。
- 成功准备招标文件，以供潜在投标人使用。

知识的多维解读：专业、感受与经历

当你想到数据时，你可能会想象出一串数字、字母或标准化代码在你的系统中持续不断地运行，捕捉或编码它们所代表的交易的本质。最终，系统必须以比率、百分比、平均值、频率分布、图表和 / 或其他几个指标的形式产生结果（信息），你可以用某种方式对这些结果进行定量解释。结果通常有好有坏，或者介于两者之间。

然而，数据中不仅只有数字。数据是事实和数字，它们传递特定的输入，这些输入没有以任何方式进行组织，除非被转化为知识和信息，否则它们只是噪声。信息是被情境化、分类和浓缩的数据；它是明确的，并且可以在很大程度上实现自动化。知识是情境化的信息；它也是专有技术、理解、经验、洞察力和直觉。

知识既有显性的也有隐性的，并在整个企业内部广泛共享。平庸的企业管理数据，优秀的企业管理信息，伟大的企业利用知识。

数字提供给你狭隘的现实观

企业主要是关于人和关系的组织。在实践中，关系是由极其复杂的变量和排列组合构成，这些变量和排列组合（迄今为止）是不可能通过算法来模拟的，所以数字并不能完全反映现实。只关注数字是很危险的，因为它可能会导致你基于扭曲的现实观做出决策。

让我给你举个例子。企业中常用的关键绩效指标是已动用资本回报率（return on capital employed，ROCE）。它相当于息税前利润除以已动用的资本，ROCE 显示了企业的绩效。ROCE 越高，绩效越好，但这也可能会产生误导。

假设你要在 12 个月的时间里衡量两个战略业务单元的绩效。假设他们的 ROCE 起始水平相同，但战略业务单元 A 投资新设备以提高生产率，而战略业务单元 B 则墨守成规维持现状。

从短期来看，战略业务单元 A 的 ROCE 很可能会下降。虽然由于投资购买新设备，导致它所动用的资本将会增加，但这项投资的好处很可能在以后的年份才能显现出来。相比之下，战略业务单元 B 的 ROCE 在短期内很可能会上升。虽然它所动用的资本将会减少（由于会计折旧），但竞争力的恶化只可能在随后的年份中显现出来。因此，这些 ROCE 与逻辑思维相反。

对数字的过度关注可能会阻止人们去实现企业的真正目的。他们可能会调整自己的行为以在短期内改善数字，这可能会导致长期的痛苦。从本质上讲，数字是对现实的过度简化，如果你被它们的力量、实用性和相关性所蒙蔽，那么它们可能会误导你。对数字的痴迷会使企业在所有关系中都采取一种冷漠的、机械的方法，而这与在当今建立一个充满活力的生态系统的迫切要求是不相容的。

企业存在于生态系统中

当我结婚的时候，我和妻子搬进了一座位于车间顶部的复式公寓。我们当时不知道自己会面临什么情况。震耳欲聋的噪声在建筑周围肆意回荡，我们能感觉到窗户在摇晃，地面在颤抖。我们立刻意识到这套复式公寓只能是一个临时的解决方案，但现在还能凑合着住。

我万万没想到，在我们的第一个孩子出生 13 年后，我们才搬到一个更大更好的家。然而，当那一刻到来，当美好的回忆涌上心头时，我却为离开那套嘈杂的复式公寓而感到悲伤。我回忆起每天清晨和妻子聊天，谈论我们下一次假期旅行，然后再准备工作。当我最后一次看着我们的前门时，突然想起的一件往事让我不禁露出了笑容。那就是当我们的第一个孩子出生的时候是如此迷茫，以至于我们匆匆离开了家，让大门大敞四开。我们可能还不如给小偷留下一张提醒便条，并在上面写着："亲爱的小偷，我们现在不在家。请随意进来就好，喝点茶水，再随便拿点你们想要的东西。"

即使是对于我们狭小客厅里那张破旧的沙发，我也能讲述很多故事。每当我看到自己曾经坐过的沙发右手角落，都会想起妻子对我的一次终生难忘的责骂。我被安排在晚上值班，照顾我们6个月大的儿子，但我想我一定是不小心睡着了，因为我突然被粗暴地摇醒，她满脸通红气愤地告诉我，我们可怜的宝宝在过去5分钟里一直在我耳边尖叫，哭喊着要吃东西。自那以后，我妻子再也没有抱怨说我是个睡眠浅的人了！

我们要搬到一个更新、更大、更好、更漂亮的房子里去，但我并没有感到欣喜若狂。事实上，我们要离开一个充满珍贵回忆、感情和经历的家，去住在一个仍然没有我们个性特色的崭新房子里。这种悲伤的感觉似乎是不合逻辑的，但当我们想到这一点时，我们人类几乎不能被称为是理性的。我们的大多数行为，更确切地说，我们购买的产品和服务，都是我们的感受和经历的结果。鉴于此，许多企业未能收集有关其利益相关方感受和经历的数据、信息和知识，我觉得这是很令人惊讶的情况。

在其生态系统中正确理解利益相关方的潜在感受和经历的企业，比那些没有做到这一点的企业更有可能成功实现其目的。渴望实现愿景，意味着激励人们去实现它。激励人们的唯一途径是，一个企业的愿景、目标和行动与人们的感受产生共鸣。

与其他形式的数据一样，感受和经历也不是一成不变的。它们会随着时间的推移而改变，因为我们的外部环境决定了新的结果和事件。感受和经历的变化可能需要行动上的改变，因此它们需要被持续地监测和评估。

收集有关感受和经历的数据

技术的进步为监测和衡量利益相关方的情感、经历和思想提供了新的可能。自然语言处理和情感分析是理解人们“话外音”的重要工具，它们已被广泛应用于社交媒体和选举活动中。

一些公司已经意识到，随着客户和其他利益相关方的需求变得日益复杂，理解和评估他们的感受变得越来越重要。Spotify开发了一款声称可以解读客户情绪的语音识别软件。奈飞和亚马逊都会根据用户以前的习惯，来调整可供他们选择的内容，而其他公司则雇用了一大批数据科学家来了解我们的感受。Facebook、谷歌、松下、本田、三星、尼尔森和施乐等众多知名品牌都已经申请了相关专利，他们声称这些技术和应用能够做到这一点。

我曾合作过的一家大型跨国公司提供了一种白标神经技术平台，以赋能一家大型国际保险公司推出员工倾听工具。该项目包括平台的开发以及满足公司所有的服务、维护和支持需求。该平台自推出以来，已被包括全球咨询和风险评级机构、家用电器设计和制造商以及汽车行业公司在内的旗舰客户所采用。

衡量感受和经历是心理学和神经科学领域的重要组成部分。事实上，神经科学正成为领导力领域中一个日渐重要的学科，用于帮助企业发现认知失调。然而，它也游走在道德与不道德的边缘。如果管理不善，神经科学可能会将企业引向一条类似于监视他们的利益相关方的黑暗道路。

构建人机共生关系

希望到现在为止，你已经相信技术和人类并不是在竞争。它们相辅相成，和谐工作，以实现共同的目标。机器擅长通过遵循既定的规则来处理数据，但只有人类才有可能在混沌中理清头绪，创造新的规则，并据此改变他们的业务和数字化战略。

然而，我看到许多所谓的领导者试图复制机器的行为。他们勾选方框，遵循一套规则和指令，虔诚地阅读并分析数据，确保其他人也遵循同样的规则。

从很小的时候起，我们人类就被教导要遵纪守法。作为一个在尊重法治的文明社会中工作的公民，我们确实需要这些品质，但遵纪守法并不等同于故步自封。作为致力于创建认知型企业的领导者，我们必须把工作的未来建立在独创性、创造力、创业精神和其他尚无法被算法复制的技能之上。

伟大的领导者利用规则、惯例和信息来指导自己和管理风险，但杰出的领导者还会独立思考，通过协作激发他人挑战现有的规范和假设，并在不确定性中迎接挑战，创造新的环境和机会。由于机器正通过日益复杂的算法学习如何更好地管理日常工作并指导我们做出明智的决策，领导者将需要回归其人类的本源。他们需要将技术的科学性与他们基本的本能、情感、社交联系和独特天赋结合起来，创造出无与伦比的企业，在竞争中独树一帜。

以我自己所在的行业为例。管理咨询行业有极大的潜力去拥抱协同智能的原则，尽管它是变革的倡导者，在技术采用方面却一直很落后。即使它采用了技术，也几乎没有改变其服务的提供方式。

我已经看到一些大型传统企业通过创建平台将知识商品化，然后向客户出售标准化的见解来推动他们的战略，但在实践中，这与战略的基本概念背道而驰，因为战略意味着独特性和差异化，而不是标准化。虽然管理咨询行业确实存在知识商品化的市场，但真正的交易在于从根本上将这个行业的模式，即从基于交易和间歇性的模式转变为基于关系和持续性的模式。

在当前的模式下，咨询师在一段固定的时间内，部署大量分析师进行艰苦的数据收集和利益相关方访谈工作。然后，通过电子表格或专用软件对数据进行挖掘、组织和分析。这些“专家”通常在流程结束时出现，审查数据并提供建议。最后，准备一份报告并交付给客户。

通常，在大多数管理咨询业务中，实际上只有大约20%的时间用于提供建议，其余时间专门用于数据收集。这种模式的问题在于，建议是基于在特定时间点收集的数据快照。在当今快节奏的世界中，当咨询师按下客户报告的打印按钮时，这样的建议很可能已经过时了。

这有点像把你的车送去维修，诊断测试完成并进行了维护，但车一上路就被另一辆车撞了。为了评估影响，这辆车又需要被送回修理厂，重新开始整个维修过程。企业经常会受到沉重和意外的打击，它们需要足够敏捷以抵御这种影响。这就需要领导们采用精益和敏捷的模式来帮助他们的客户。

随着数据采集成本的迅速下降，任何企业的运营模式都可能发生颠覆性的变化。以汽车为例，所有主要系统都可能加装传感器，这些传感器会持续向中央控制单元发送信号和数据。利用机器学习和预测分析对数据进行自动分析，使技术专家能够根据报告的情况及时通知客户汽车可能存在的问题。这种系统通常用于运营大型车队的企业。

任何行业的首要任务都是帮助客户解决问题。企业应该开发和建立更好的数据和信息收集系统，并专注于使用这些数据和信息来做出决策，而不仅仅是收集数据本身。一旦基础稳固，就有空间来开发所谓的“实时互联思维”。

就像汽车的例子一样，通过对几个关键绩效指标进行持续的实时数据收集，管理者和领导者可以持续监控企业的绩效，执行自动化的预测分析，并通过专门的实践社区提供有影响力的解决方案。这意味着解决方案保持着相关性和最新状态，基于与客户的持续关系，而不是局限于一次性交易。

回到我自己行业的例子，这需要彻底转变思维方式。许多管理咨询师都急于向客户推荐变革，却不太善于听从他们的建议。如果你的行业也是如此，那么可能是时候退后一步，重新调整你的技术和人员之间的关系了。

小结

尽管拥有一套数字化战略至关重要，但它也需要足够灵活，以适应外部环境的变化。这就要求你建立一个适当的知识框架，这样你不仅知道正在发生什么变化，还知道这些变化是如何影响你的企业，以及你需要做出什么决策来应对这些变化。

本章已经展示了在数字、感受、经历和情感之间创建一种共生关系，就可以优化你的知识基础。然后，你可以做出明智的决策，以改变你的商业战略和数字化战略。

知识要点

- 技术为企业提供了前所未有的大量数据。但问题是，太多的数据会造成干扰，扭曲你对现实的看法。
- 要时刻保持警觉，但要去除噪声，只倾听重要的内容。
- 只有在数据的价值超过其成本时，收集数据才有意义。如果简化和自动化流程，数据收集可能会变得更加可行。
- 除非数据被转化为知识和信息，否则它只是噪声。
- 使用三管齐下的方法来分析数据：实时监测你的业务关键指标，定期进行健康检查，并及时、详细地调查由你的关键指标和健康检查触发的危险信号。
- 使用标准化的算法来分析你的数据，将使你与竞争对手保持同等水平。通过开发属于自己独特的算法，将使你获得竞争优势。
- 算法的真正挑战在于访问的数据是可靠的（通过适当的验证、控制和自动化）和有价值的（有意义的），并且相同的数据点只录入一次，以避免重复和潜在的错误（只录入一次）。
- 企业是一个有生命的生态系统。了解你的关键利益相关方的感受、情感和经历，将使你在竞争中获得重大优势。
- 最大限度地发挥机器和人类的互补优势，利用知识来改变你的商业战略和数字化路线图。机器非常擅长在既定规则内分析数据，但只有人类才有能力理解混沌，并创造新的规则。

| 第三部分 |

实施平衡的数字化转型议程

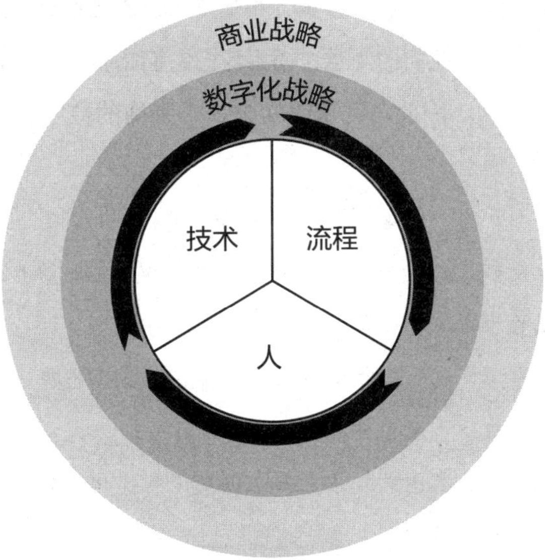

平衡的数字化转型议程

专注于技术、流程和人员来实施成功的数字化战略，这个概念并不新鲜。大多数成熟的管理咨询公司都会使用一个标准框架，引导你重新定义业务流程以提高效率和效果，通过技术手段优化这些流程，并开发和授权人员来改进决策和执行。这样做时，他们主张采取强势地位来使用最佳流程、最佳人员和最佳技术。

然而，正如我在青少年时期学习武术时所学到的那样，成功并不主要来自强势地位。它来自适当的平衡、形式和协调。大多数企业似乎都忽视了这个事实，并坚持通过购买最好的系统、人员和流程来解决他们的问题，而不考虑它们是否与他们选择的战略位置相匹配。因此，我认为实施一个平衡的数字化转型议程需要：

- 开发和设计关键业务流程，以生成构成企业商业战略竞争优势来源的核心能力。
- 鼓舞、开发、授权、激励并确保人们做出拥有、管理、改进和执行已确定的业务流程的承诺。
- 获取合适类型的技术工具，以利用和优化已确定的关键业务流程的绩效。

这些是我们将在第三部分中讨论的主题。

第 6 章

重塑商业运营模式

这听起来可能显而易见，但数字化转型项目的核心是业务运营模式的渐进式变革，这种变革与你的商业战略有着内在联系。尽管如此，你可能会惊讶地发现，许多企业领导者都忽略了这一点，在某些情况下，技术供应商本身也是罪魁祸首。

一家人工智能软件公司的领导团队主动找到我，希望我能为他们开发一个现成的核心银行解决方案。这个解决方案需要包含一些基础模块，以展示一些机器学习算法应用。我一到公司，就受到了技术主管的热情接待。

“戴维，”他说道，“鉴于您在金融服务行业的丰富经验，我们非常希望能听听您对我们解决方案中可以包含的功能有何高见。请允许我为您展示一个初步的演示版本。”

我必须说，这个演示至少是炫目、吸引人且有趣的，但我的初步印象是，整个流程结构效率低下、过于复杂、彼此脱节，且各自为政。

“你以这种方式组织数据库结构和工作流的根本原因是什么呢？”我问道。

“哦，我们参观了几家大银行，收集了他们的所有表格，并将其转换为在线格式。”我对他轻率的回答感到震惊，而且我可以举出许多在商业世界中使用技术的类似“致命错误”的例子。难怪迄今为止，全球许多数字化项目的成果都如此糟糕。

在我能回忆起的例子中，大多数企业领导者都有一个共同点。他们缺乏清晰的画面，无法利用技术的力量变革他们的运营模式，以实现释放绩效和盈利能力的指数级改进。我的经验表明，商业模式的成功转型需要一个迭代过程，将愿景和使命转化为清晰界定的竞争优势来源，这些竞争优势逐步分解为各个核心能力和它们的基础关键流程。

将愿景落地生根

你的愿景可能是征服宇宙，但你需要将其带回现实，因为你的商业战略不仅是创造愿景和使命，它还关乎确定一个有形的竞争优势来源。

优秀的公司通过比其他公司做得更好来开发竞争优势，这是客户所重视的。对于伟大的公司来说，竞争优势在于开发独一无二的、从未做过的东西，为客户创造无与伦比的价值。麦当劳创造了快餐业；瑞安航空催生了低成本航空旅行；亚马逊彻底改变了网上购物；奈飞为电影业树立了新标准。在当今世界，算法就是新黄金。这将通过启发式能力得到增强。

愿景是永恒的，但运营模式会随着时间的推移而改变

愿景应该经得起时间的考验，并且可以超越商业时代。松下

公司清楚地理解这一点。它的愿景声明是“展望未来，与我们的客户共同引领社会变革”。这个声明没有提到松下公司将生产什么产品或服务，它没有确定公司寻求服务的客户，只是专注于松下期望给社会带来的影响。

然而，竞争战略却讲述了不同的故事。它不仅需要确定清晰的竞争优势来源，还需要定义支持它的业务运营模式。反过来，业务运营模式是为特定环境而定制的。随着环境的变化，业务运营模式也需要改变。这就是为什么建立敏捷的数字化思维如此重要。

设计业务运营模式有多种方式。最简单的形式，运营模式可能被定义为价值链或价值网络。一些企业甚至开发出针对特定行业的框架，然后将其分解为标准化流程。

这本身并不是一件坏事。流程的标准化带来了通过学习他人经验创造的规模效率，但它不会让你与竞争对手区分开来。这是因为标准化与战略相悖。战略是关于独特性和创新的。既定的运营模式创造了企业自身的复制品。

我建议我的客户，围绕他们期望的竞争优势来源来构建他们的业务运营模式。竞争优势可能分为几个核心能力，这些能力只有通过有效执行关键业务流程才能得到适当的发展。关键流程需要技能熟练的人员和正确的技术来有效执行。

总之，成功地在竞争优势、核心能力和业务流程之间建立联系的企业最有可能取得成功。技术和人员正是利用这种联系产生的协同作用所需的关键推动因素。

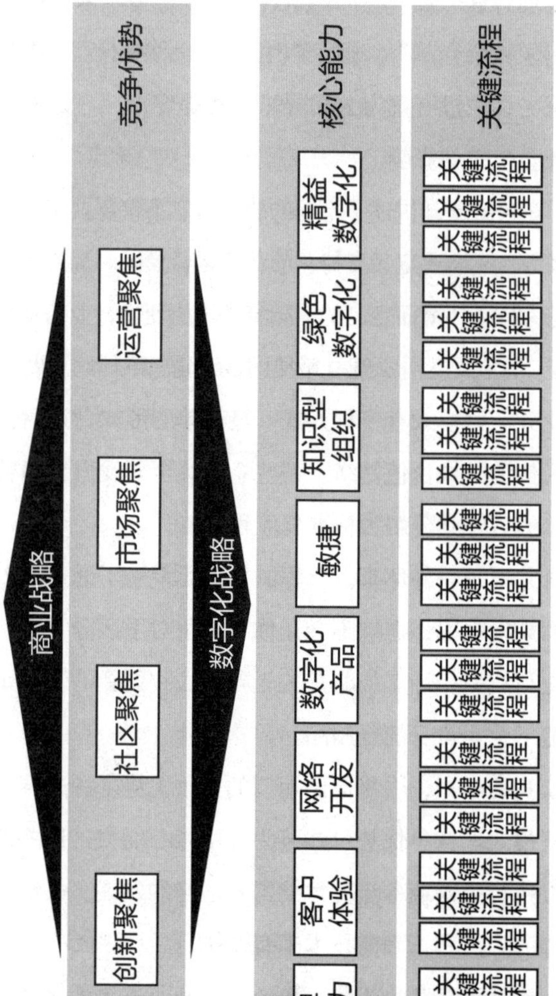
目标和目的
创新聚焦
社区聚焦
市场聚焦
运营聚焦
竞争优势
商业战略
数字化战略
量化评分
品牌领导力
客户体验
网络开发
数字化产品
敏捷
知识型组织
绿色数字化
精益数字化
核心能力
关键绩效指标
关键流程
关键流程

商业和数字化战略

定义竞争优势来源以及技术增强方式

尽管我已经环游世界，但马耳他大港仍然是我珍藏的最令人印象深刻且美丽的历史遗址之一。我可能有些偏心，因为当我还是个小孩子的时候，我的祖父母拥有一座位于角落的房子（那时候我们不称之为“公寓”），那里有壮丽的港口景色，周围环绕着雄伟的堡垒、防御工事和准备出击的各种大炮。

我喜欢在黎明时分醒来，看着阳光轻轻地把港口照亮，就像舞台上的演员等待着展现他的第一个动作，周围环境的反光抚摸着荡漾的海浪。然后，港口仿佛接到了指令，焕发出生机。风的涌动刺激着我的感官；偶尔传来船只威严进港的响亮汽笛声；海鸥的尖叫声向世界宣告新的一天开始了。这一切都是如此神奇。

马耳他大港游轮是每一位到访马耳他的游客都不应错过的亮点，而当时，一家运营商主导着这个领域，指挥着一支庞大的船队，收取高昂的服务费用。有一天，我父亲在浏览报纸时，一则广告跳了出来，声称：“如果你只需花 40 美分（约相当于 1 英镑）就可以游大港，为什么还要花 4.50 马耳他里拉（约相当于 11 英镑）呢？”这家新运营商以令人难以拒绝的价格挑战了市场霸主。

当我们接近购票地点时，一个男人拦住了我和父亲，他问我们：“如果跟着我你只需花 20 美分（50 便士）就可以乘船，为什么还要花 40 美分呢？”

事实证明，他的船属于处在主导地位的运营商的船队，后者采取了一种巧妙的策略：专门安排一艘船以亏损的方式运营，以便吸引我们这类毫无戒心的顾客，并成功将竞争对手挤出市场。

这个策略奏效了，几个月后，那家小运营商便销声匿迹。这是我学到的关于战略和竞争优势的首要经验之一。

自从涉足管理咨询行业以来，我见证了形式更复杂的类似错误。许多企业领导者误以为竞争优势仅在于做企业擅长或最擅长的事情。然而，残酷的现实是，如果你的最佳表现并不比竞争对手更胜一筹，那么你基于这个前提很可能会失败。

以港口游船为例，新进入者试图通过提供极低的价格来抢占市场份额。然而，主导者却以其人之道还治其人之身，通过承担一艘专用的船暂时财务损失的代价，在其他商业旅行中弥补这些损失，从而击败了新进入者。这个案例清楚地表明，仅关注自己最擅长的事情是远远不够的，你必须变得比竞争对手更好。

因此，在规划数字化发展道路时，我们应该积极寻找提升竞争优势的方法。在第 3 章中，我们探讨了多种可能的技术路线，包括通过全渠道策略和定制内容提升客户体验、通过自动化减少浪费、通过商业智能和模块化系统应用提高企业的敏捷性，以及利用数字营销和实践社区来发挥网络外部性的优势。

明确何时以及要实现什么目标

许多企业领导者，对于想要实现什么以及何时实现它都避而不谈。明确性需要承担责任，但这不是许多领导者所乐意的。

我并不责怪他们。作为领导者，我们达到目标时并不会得到赞扬，但未达目标时却必须做大量的解释。事实上，我回想起无数次，当我向客户展示带有明确可衡量目标的数字化路线图和战略时，他们却要求我使其变得不那么具体，以便给客户留下回旋的余地。尽管失败往往是成功之路上不可避免的，但在商业中，失败仍然被视为一种不可言喻的禁忌。

案例研究：为家具零售商制定战略目标

问题

一家家具零售商与一家知名制造商达成协议，成为其在多个地区的主要分销商。我被该零售商聘请，为其整体运营制定商业和数字化战略。

挑战

- 该公司是一家初创企业，处于一个相对成熟的市场。
- 其所代表的国际制造商品牌在当地仍然不为人知。
- 该初创企业对当地家具零售市场的知识和经验有限。
- 对在线零售和电子商务的知识和经验有限。
- 监督和清晰度有限，导致在应关注哪些领域以及应实现哪些目标方面缺乏明确的指导。

解决方案

- 我对当地市场进行了分析，说服公司管理层将其定位为——在特定地区内以竞争对手零售价 70% 的价格提供时尚家具的领先分销商。
- 我使用平衡计分卡方法定义了具体的战略目标和指标。我的目标是让该零售商在五年内实现 20% 的市场份额和约 15% 的利润率。

- 我开发了一个通过高效成本结构管理的业务运营模式，并引入了高水平自动化。这需要实施 Microsoft Dynamics ERP 平台，并进一步由电子销售点解决方案和条形码系统提供支持。
- 基于实体店和在线商店（通过 VR 功能增强）的混合扩张战略，得到了对内部最后一公里配送业务的大量投资的支持，从而优化了配送成本。

结果

该策略的实施仍在进行中，并且有望按计划实现既定目标，包括：

- 在未开发的地区开设新的区域性分店。
- 在 12 个月内将销售收入翻一番。
- 实施 Microsoft Dynamics 作为核心解决方案。
- 强化在线销售平台，占据总营业额的 10% 以上。
- 与第三方合作开发在线销售的当天配送服务。

定义和开发关键目标和指标，并不是你的数字化战略中最具挑战性的部分。最大的障碍在于，开发适当的系统来衡量企业在每个目标上的表现。

之前，我们谈到了实时测量企业生命体征和进行定期健康检查的重要性。这种测量不可避免地涉及远不止数字本身的数据。数据被输入到算法中，转化为知识和对你绩效的反馈。反过来，算法也可以一种能够从它们分析的数据中学习的方式被开发出来。

构筑竞争优势基石

你的数字化战略存在的唯一目的是通过技术提升竞争优势，但竞争优势几乎总是暂时的。在某个时刻，总会有人迎头赶上，模仿你，甚至可能超越你。

以黑莓为例。作为首批智能手机创造者之一，黑莓最初在美国控制了约 43% 的市场，在全球占有 20% 的市场份额，但它未能跟上周围技术革新带来的行业颠覆步伐以及智能手机市场的变化。导致黑莓走向末路的最后一击，是公司董事会在 2022 年初做出的一项决定，即停止支持旧款智能手机的操作系统。

只有在创新能力的支持下，竞争优势才能变得可持续。通过不断创新，你会始终领先竞争对手一步，但这也意味着需要不断改变你的业务运营模式，以及使用提升竞争力的基础技术。这就是为什么我强调你需要不断前进，以保持在行业中的领先地位。

现在，关键问题来了：如何构建竞争优势并利用技术让收益扩大呢？

将竞争优势分解为已定义的核心能力

竞争优势是基于企业开发的一系列核心能力而建立的。核心能力是指有能力以异常出色的方式完成某项任务，或者至少比竞争对手做得更好。它需要具备一致性、可靠性、可重复性和对外部因素的相对独立性。

例如，对市场的特权访问并不是核心能力，因为这种特权可能会被剥夺，从而有效地削弱你的地位。同样，员工提供的出色服务或专业技能也不是核心能力，因为这些员工一旦离开公司，这些优势就会消失。更重要的是，专业技术的可用性通常不是核心能力，除非它是你的企业的专有技术，并且你拥有对它的使用权。真正的技术方面的竞争力不在于其可用性，而在于企业将其用于获得自身优势的能力。

案例研究：为一家排队管理解决方案初创公司开发核心能力

问题

我最近受雇于一家科技初创公司，负责通过制定商业和数字化战略，将其创新的排队管理解决方案推向市场。该公司仍处于孵化阶段，并寻求适当的资金来源以资助商业化进程。

挑战

该公司：

- 资金筹措渠道有限。
- 高级管理团队由技术精湛、经验丰富的专业人士组成，但缺乏金融、商业和管理经验。
- 品牌知名度不高，在国际市场上缺乏影响力。
- 提出的解决方案仍处于原型阶段，需要进一步开发才能全面推出。

解决方案

我与高级管理团队成功完成了商业和数字化战略以及商业计划的制定。该战略概述了有必要基于提供一种安全可靠的排队管理解决方案来建立竞争优势，该方案能够以低廉且高效的方式保证用户的匿名性。这种竞争优势基于以下几个核心能力：

- 现有技术的掌握和应用（包括蓝牙低功耗通信系统），这些技术已被证明是安全的，给隐私和安全问题带来的风险有限。
- 与竞争对手使用的集中式模型相比，实施去中心化的业务运营模式（被认为是最佳实践）。
- 建立声誉，提高企业在公众和当局中的可信度和地位。

结果

- 成功开发了一个独特且创新的概念。
- 成功展示了项目概念的可行性。
- 成功完成了所需文件的编制，这些文件将作为种子轮融资的依据。
- 建立作为项目一部分的管理结构和实施计划。

明确能力及其之间的相互关系，以及如何通过技术提升这些能力，这对于你所在的企业建立竞争优势至关重要。

确定改进能力的优先级

评估能力的全部目的是确定如何改进它们，以最大限度地提高竞争优势。正如我的 DTMP 所示，确定能力的优先级对于确定和规划你选择的技术的实施轨迹至关重要，这可以通过成熟度曲线来实现。当你从第二阶段（专注于掌握一种能力）转向第三阶段（进行扩展以全面巩固）时，这一点尤为重要。

由于能力可能更适合定性评估而不是定量评估，因此没有建立科学公式来确定改进的优先级。通过应用启发式能力，你可能会发现，通过引导式研讨会进行的利益相关方咨询可能会奏效。在实践中，我经常建议使用二维评分表来评估每项能力相对于竞争力的影响和强度，以得出加权得分。

案例研究：为国家制造业研究战略确定优先能力

问题

一个公共实体认识到，其所在国家在实现研究和创新领域期望的经济活动水平方面落后于目标。我受聘于该实体，负责设计和制定一项国家制造业研究战略，以支持这些目标的实现。

挑战

- 研究和创新活动有限的问题普遍存在。
- 制造业受到威胁，竞争力逐渐削弱。
- 博士毕业生和高素质人才的供应有限。

- 获得的研究和创新资金有限。
- 缺乏学术、商业、政府和金融机构之间的支持性基础设施和联系。

解决方案

该战略的一个关键要素是对构成竞争优势来源的核心能力进行评估。我积极咨询了多个利益相关方群体，包括工会、来自制造业（跨多个行业）和学术界的代表，以及政策制定者。

利益相关方研讨会的结果显示：

- 在开发创新自动化技术方面取得了令人鼓舞的成果，这些技术可以在精密工程和电子行业的制造过程中产生协同作用。
- 由于规模小，敏捷和灵活性一直被认为是该国企业旗帜鲜明的特性。
- 与食品和饮料行业的研究和创新活动相结合是有利可图的，因为当地该行业本土企业的集中度很高。

每个发现都按影响（低影响为1，高影响为5）和绩效（低绩效为5，高绩效为1）的1到5分制进行评分。将这两个分数相乘，得到每个发现的加权结果。

结果

我必须承认，我对这项战略最终没有完全实施感到失望，这主要是因为该战略发布后政府发生了更迭，而新任者可能有不同的优先事项。但是，基于我们的建议，确实出现了一些零星的倡议并取得了成功。其中之一是创建了一个生命科学园区，迄今为止，该园区已经容纳了几家生物技术初创公司。

核心能力要求掌握关键业务流程

能力，并非凭空产生。它们是通过企业执行的多个业务流程的相互作用而发展的。

在实践中，企业的基础业务流程数量无穷无尽，因此当我看到领导者们无休止地努力记录和设计每一个流程，却发现由于情况发生了变化而必须重新开始时，我总是感到惊讶。这让我想起了我的妻子耐心地和我们的小儿子坐在一起（我承认我做不到），进行“绕着苹果和叶子移动”的动作来练习写字母 a。

一些企业领导者似乎认为把事情简单化是必要的。他们想牵着人们的手，用他们的智慧指导他们履行自己的职能。作为领导者，你真正需要记录的是你企业的关键业务流程。如果一个流程对你的核心能力的整体有效性和强度有重大影响，那么它就被认为是关键的。同样地，只记录关键流程的关键活动。如果一个活动有以下特点，则被视为关键活动：涉及决策或主要交接点，改变了责任归属；代表了一个重要的内部控制，确保治理、质量及完整性；将输入转换为明显不同的输出；或者为客户创造了有意义的价值或为企业创造了知识。

没有效率，就没有业务

在一个以大规模定制和个性化服务为主导的世界里，效率很少或从未成为我们打败竞争对手的战斗口号。在任何给定的市场中，只有一个低成本领导者。在实践中，这是一场艰难的比赛，但事实是你的业务如果不能高效管理，就无法生存。在我实施数字化转型项目的经历中，我看到了一些企业陷入了以效率为名削减成本的罪恶之中。

我记得曾有一位餐厅老板焦急地请我帮忙，他的生意正在走下坡路，濒临破产，面临着即将被查封的风险。银行给了老板一个紧迫的最后期限，要求他提出一个可信的补救行动计划，以挽救他的生意，同时产生足够的现金流来支付他的分期贷款。

“你知道，戴维，”他说，“我已经想尽一切办法降低成本了。我减少了服务员和厨师的数量，用薪水更低的人代替了他们。我换成了某些成本较低的食物品牌，并设法在餐厅里多摆了几张桌子，以便容纳更多的顾客，但我还是亏本。更糟糕的是，我不得不关闭了我的 Facebook 页面，因为不知何故，我的客户好像对一切都抱怨个没完。我不知道该怎么办了。”

这位餐厅老板所面临的问题非常清楚。效率不仅是削减成本；它是在更短的时间内以更低的成本提供相同的价值。同时削减成本和降低价值实际上是在改变你的战略，甚至可能是你的客户。

我给餐厅老板发了一封委托书支持他实现扭亏为盈，同时实施技术系统以解决他面临的部分问题。但他觉得当时负担不起我的服务费用，所以并没有聘请我。几个月后，我听说餐厅已经倒闭了。

在经济领域的几乎所有商业企业中，“提高运营效率”已经成为规划和预算过程中的普遍口号。许多企业领导者和管理者急于将运营效率与短期目标等同起来，而短期目标的实现完全依赖于削减成本的愿望和能力。

尽管削减成本的做法看似简单诱人，但它并不能自动转化为运营效率的提升。企业还必须实现其他业务目标，如提供符合客户期望的产品或服务，以保持现有客户和收入。

价值创造是竞争优势的驱动力

如果你想要经营一家成功的企业，效率是必不可少的。无论如何强调在企业的方方面面实现精简、避免浪费的好处都不为过，但事实仍然是，专注于效率可能会在你的企业中产生回报的“边际效应”。当你引入更高效的工作实践时，你会缩小差距、管理浪费环节并自动化流程。随着时间的推移，留给进一步改进的空间会越来越少，直到你达到一个点，即改进所带来的好处不再超过其成本。

最好的商业模式，是那些以创新方式围绕客户的特定需求来独特构建和定义并提供卓越价值的商业模式。它们是企业严格保密的秘密配方。不仅对价值的关注为增强竞争力创造了无限的机会，而且还产生了指数级的回报。

说到食谱，不久前，当我在阿姆斯特丹度假时，我和家人被街上熙熙攘攘的人群挡住了去路。他们耐心地排着长队，队伍一眼望不到尽头。当我们终于设法挤过去时，我们找到了兴奋的源头。队伍前面的人兴高采烈地从一家小店走出来，怀里抱着他们的战利品：装着淋上各种颜色酱汁的炸薯条的袋子。出于好奇，我问了一位热情的顾客这一切是怎么回事。

“啊，”他说，“这家店卖的是全世界最好的炸薯条。”就在这时，一缕阳光照亮了商店入口上方一块雕刻着这个大胆声明的招牌。我必须承认，这是一个诱人的承诺，所以当队伍变短后，我们无法抗拒地想尝一尝“全世界最好的炸薯条”。

很明显，做出这个声明的人从来没有尝过我祖母的炸薯条。她独特的价值主张本来可以让她发一笔小财：表面酥脆，内部是入口即化的土豆层，散发着芳香草本的混合香气，味道浓郁如催情剂，俏皮地挑逗着你的味蕾，让你欲罢不能。然而，我祖母并不像这家店主那样有创业精神。通过将自己定位为优质价值，他们不仅创造了无限的增长机会，而且他们的声誉也得到了加强（产生指数级回报），因为这是通过热情的客户口口相传的。

根据我的经验，随着企业变得越来越复杂和庞大，对价值创造的重视似乎在传递中丢失了，所有这些都以效率为名。不幸的是，如果你管理不善，企业增长可能会成为价值创造的最大敌人。

为了最大化你企业的价值创造潜力，要将知识、创新、质量和客户服务作为关键流程来关注。知识创造了在正确的时间和地点做出决策的力量。事实上，当今大多数企业都在知识上竞争。创新将使你比竞争对手领先一步，同时增加客户价值。质量确保你提供的服务的一致性。最后，良好的客户服务促进品牌塑造和声誉提升、业务发展和客户留存。技术可以在很大程度上帮助你提高这些流程的绩效。

小结

构建成功的业务运营模式，需要在永恒的愿景与具体的行动、价值独特性与标准化流程、纪律严明的交付与适应快速变化环境的创造力之间取得平衡。没有一种神奇的公式可以找到正确的平衡来确保你的成功。

在这样的背景下，本章提供了一份高级指南，旨在指导你通过划分核心能力来构建业务运营模式，这些核心能力源自你的竞争优势。随后，我们将这些能力进一步细化为关键业务流程，以形成一个全面的数字化转型项目。

知识要点

- 愿景需要经得起时间的考验，但业务运营模式需要定期变化以反映不同的情况。
- 业务模式应该围绕你预期的竞争优势来构建。
- 竞争优势可以划分为一系列的核心能力。核心能力由几个关键流程组成。
- 明确你的竞争优势来源，并确定在何时实现什么目标。
- 核心能力是指具备某种能力，能够做得非常出色，比竞争对手更好。核心能力由一组相互关联、需要高效管理的流程组成。在技术方面的核心能力不是其可用性（除非你的企业拥有使用权），而是你的企业充分利用它的能力。
- 所有企业都需要高效，但仅依靠效率很可能不足以让你在竞争中脱颖而出，只能收获一个低成本领导者。

- 效率并不意味着削减成本。它意味着以最小的浪费持续提供相同的价值。
- 专注于效率会产生日益减少的回报，因为随着浪费的减少，可识别的改进机会也会减少。
- 竞争优势的真正驱动力是价值创造。专注于价值创造会产生指数级的回报。

第 7 章

协同利益相关方，共奏和谐乐章

没有什么比人类更迷人的了：心灵手巧、意志坚定、足智多谋，能够找到解决每一个问题的方法。许多人认为，现代人类（智人）之所以能够在进化上超越曾经更为发达的尼安德特人和直立人，最终取得成功，主要归功于大脑的强大力量。但《新科学家》声称，我们的生存可能深深根植于我们“依赖他人、富有同情心和同理心”的脆弱性之中。

我毫不怀疑，我们人类是相互联系的，并通过一套共同的信仰、规范和态度，驱使我们和谐地共同工作，以实现一个统一的目标。我们把这些属性称为文化。

在商业中，组织是有生命的生态系统。它们的员工受到共同目标的激励，共同目标是通过他们独特的天赋和技能的相互依赖、动机和承诺所产生的附加值来推动的。但是尽管这些利益相关方在其中扮演着核心角色，但他们在商业决策中的参与度仍然让人难以捉摸。

从我的经验来看，在数字化转型项目中尤其如此，领导者往往将路线图作为既成事实呈现给利益相关方。当我向高管指出数字化转型项目中人员维度的重要性时，我发现自己经常淹没在一波又一波关于他们组织结构的解释中，包括职位描述、薪酬体系、绩效工资以及员工培训、发展政策和程序。当然，所有这些元素都是业务模式的组成部分，都需要到位，但不变的是，当涉及在组织中实施数字化转型项目时，真正的绊脚石既不是期望的明确性，也不是实现期望的能力，而是缺乏正确的组织文化来激发人们的渴望、信念、动机和承诺，以实现这些目标。

一个价值百万美元的问题是：你能让所有利益相关方共奏和谐乐章吗？简而言之，虽然这不是一门精确的科学，但你可以按下正确的按钮来积极影响文化和行为。下页图展示了我在多个数字化转型项目中用于将组织文化与理想的业务运营模式联系起来的简单而实用的模型。

这主要依赖于三个核心活动：激励人们构建愿景、管理权力斗争和塑造正确的行为。现在让我们详细看看每一个。

激励人们构建数字化愿景

曾几何时，我们每个人都可能想象过一个理想的未来。我相信你知道那种感觉：孩子般的热情在你的心中点燃火花，在你的血管中燃烧，在你的眼眸中闪烁。你渴望做一些伟大的事情，让世界变得更美好。

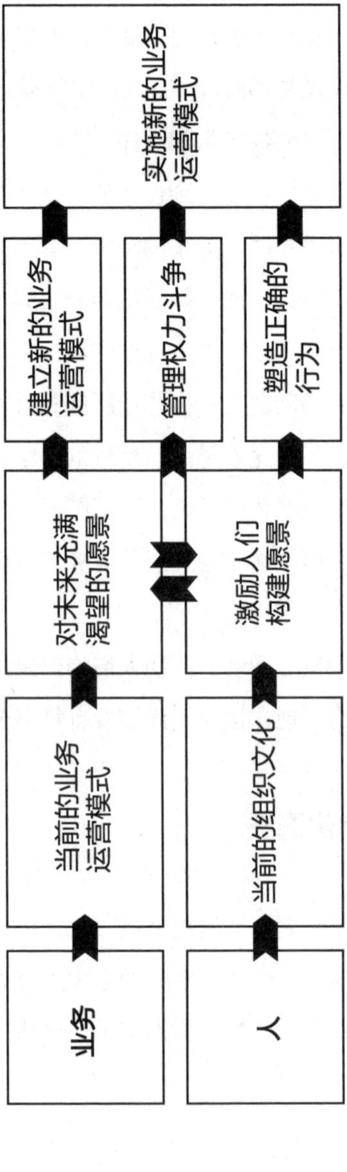

将组织文化与商业模式对齐（务实地）

遗憾的是，这是对生活的浪漫看法，最终会被失望和我们周围的不良环境所破坏。我之所以喜欢与初创公司和年轻的企业家合作，恰恰是因为他们仍然对为世界带来持久影响的无限可能性感到兴奋，并且通常与志同道合的人为伍，这些人已经接受了他们的创业文化。他们乐于改变，思维创新。

改变成熟组织的文化是有可能的，但这不是一件容易的事。它们的规范、价值观和信仰已经经受了时间的考验，而且它们在市场上长期生存至今的事实也强化了它们正在做正确的事情的观念。数字化转型项目在实践中的高失败率，通常导致传统组织的高级管理人员不愿尝试改变他们经过验证的纸质系统。

如果这段描述与你的组织产生了共鸣，你可能想知道如何积极影响其文化来接受数字化路线图。虽然这不是一本关于组织文化的书，但在本节中，我将为你提供一些实用的策略，逐步影响你组织中的所有人，让他们共奏和谐乐章。

创建并与人们沟通吸引人的愿景，即你想要达到的目标

成功的组织定义了一个更高的目标即追求卓越。愿景不仅是为了赚钱，也是为了产生持久的影响和改变。它们创造价值来满足人们的需求，而不是提供服务来满足欲望，因为需求和欲望在本质上是不同的。需求永远不会改变，它们会随着时间的推移而保持不变。因此，你的数字化转型项目的愿景，必须满足包括员工在内的所有关键利益相关方的需求，而不仅是股东和客户的需求。

创建一个数字化愿景可以激励你改变现状。沟通可以激励其

他人带来这种改变。实现数字化愿景并不是一位孤立无援的领导者的工作，而是一个紧密团结的团队的共同努力。因此，沟通不是将愿景呈现给你的员工，而是向他们展示他们的努力将如何为实现这一愿景做出贡献。

在成功的数字化转型过程中，传达你的数字化愿景需要做出必要的承诺，并给予归属感。负责转型实施的关键利益相关方只有在直接参与开发解决方案时才会感到归属感。领导者常常没有意识到，在一线工作的人对于识别特定问题的特定解决方案具有最佳的洞察力。相反，他们期望这些人言听计从，而不是在解决方案的设计中发挥积极作用。

案例研究：为教育机构制定数字化愿景和战略

问题

一家欧洲教育机构在一个小市场上建立了强大的本地影响力，并寻求扩大其业务，同时利用技术优势。我受聘支持其塑造商业和数字化战略。

挑战

- 在国际上相对不知名的品牌。
- 校园设施有限，难以扩张。
- 专注于提供证书和文凭，学位课程有限。
- 市场覆盖范围有限，学生群体主要由当地人组成。

- 依赖手工系统和纸质交易。

解决方案

数字化愿景的制定并不是纸上谈兵，其开发包括：

- 向关键利益相关方进行广泛的咨询。
- 针对不同群体和其他利益相关方进行广泛的咨询，包括家长、学生、管理层、员工、组成机构、雇主、监管机构和其他国际机构，每次咨询会议都根据咨询对象的不同而聚焦特定的主题。
- 确定多个问题并评估替代方案。
- 在利益相关方之间对一系列备选方案进行评估和头脑风暴。
- 选择最合适的方案，包括起草数字化战略路线图。

该愿景旨在将教育机构重新定位为专注于利基市场的国际知识服务提供商。机构将通过多个相互关联的战略业务部门运营，包括教育节目交付、节目开发和认证，研发、培训、咨询服务和商业孵化活动。在战略路线图中，我们规划了一条让多个核心流程自动化的路线，特别是注册服务、课程安排和时间表，以及学生进步分析。此外，我们还专注于推出几门异步在线教育课程，作为新的市场开发的领域。

成果

- 利益相关方对商业和数字化战略的一致认可。
- 培训学校的成立。
- 与国际知名大学成功签署协议。
- 获得开发新校园所需的资金。
- 国际学生录取人数显著增加。

每天践行你的数字化愿景

大多数组织领导者并没有认真对待他们的愿景。他们聘请顾问起草一些华而不实的声明挂在墙上，这些声明通常用来描述组织所提供的产品或服务，但大多数员工甚至都不知道自己组织的愿景是什么。

愿景不应该只是挂在墙上。它们需要组织中的每个人每天都去实践。利益相关方完成的每一个过程和活动都使组织离实现其愿景更近一步。

我见过许多不践行组织愿景的领导者。他们告诉员工该做什么，自己却不遵守。这些领导者从未完全了解员工所面临的日常困难和挑战，因为他们太忙于“领导”而没有足够的时间提供帮助。

案例研究：燃油公司的期望管理

问题

我受一家燃油公司领导者的委托，负责挽救一个陷入困境的项目，该项目旨在为客户实施燃料处理自动化系统。在项目启动之前，公司最终与员工发生了争议，员工威胁要采取工业行动。我的角色是作为第三方，负责审查基础流程、系统和组织实践，以达成双方均可接受的协议。

挑战

- 高级管理层与工会之间存在重大分歧，已处于采取工业行动的边缘。
- 目前尚未找到双方均可接受的明确和可行的解决方案。
- 数据和信息的可用性和访问性有限。
- 员工的信息技术水平较低。
- 最初的反应是敌对的，缺乏信任，因为我被视为管理层请来的道貌岸然的“穿西装的人”，只是为了使所需的变革合法化。

解决方案

在所有利益相关方之间建立信任是达成相互接受的协议的关键，因此我放下身段，脱下西装，花费了无数时间“深入现场”，观察员工的工作内容和方式。当他们看到我满身尘土、汗流浃背时，我就不再是他们眼中高高在上的那个人了。我记得，当我徒劳无功地试图连接软管进行加油操作时，结果很糟糕，我也遭到了他们的嘲笑，但我变成了一个更加接地气的人，也是一个能理解他们的担忧和局限的人。

员工拒绝接受多种货币，因为他们不会算数（缺乏知识）。他们拒绝启动加油操作，因为他们害怕因为犯错受到指责（害怕承担责任）。他们拒绝提议的轮班模式，因为这将导致他们几乎每个周末都要加班工作（他们害怕与家人相处的时间不够）。

我可以用简单的解决方案来解决这些问题。我在系统中引入了一个货币转换工具，并在每次加油程序启动之前，要求客户进行电子签名确认。我还与管理层广泛讨论了新的轮班模式，这种模式每个人都能接受。因此，我不仅在一个高度依赖纸质环境的地方引入了技术，还改变了一家被其传统流程束缚了好几年的公司的工作方式。

结果

- 双方达成了共同的和彼此接受的协议。
- 成功引入了用于执行加油操作的自动化系统。
- 在 12 个月内，运营成本显著降低。
- 管理层与员工之间的关系得到改善。

创建一个生机勃勃的社区，而不是组织结构

许多组织结构都是围绕着正式权力、角色、职责和问责制来进行设计的，以确保及时采取行动。它们在管理层和员工之间建立了一个“法律合同”，详细说明了每个人为成功所应做的努力。

将组织结构与商业模式保持一致很重要，以确保其得到有

效执行，但科层式结构会导致沟通链条延长，从而延迟从决策到行动的过渡。另外，扁平化结构可能会缩短沟通链条，但由于控制范围广泛，可能会受到噪声的干扰。

传统的管理书籍提倡几种适用于不同情况的替代组织结构。在稳定的市场条件下，职能型结构可以促进产品和服务的生产、销售和交付的效率和专业化。事业部结构以产品或客户为中心组织资源，以便更好地响应其需求。项目型结构则是为处理特定的任务和/或问题而临时创建的。在实践中，大多数组织都采用了混合型结构，该结构融合了各种结构的一些元素，以应对其特定的市场和运营挑战。

在今天这个高度动态的环境中，这些结构几乎无法使组织灵活地适应快速变化的步伐。这是因为这些结构基于它们所能控制的内容来假定一个正式的边界。发展强大的非正式社会沟通体系，比正式的组织结构更能有效地将你的数字化战略付诸实践。正式的职权是强加于人的，而社会系统中的相互协作和信息共享则是基于信任和尊重的。

组织需要为实践社区的发展创造有利环境，这些社区可以根据决策的实施要求重新组合和重新调整。实践社区跨越组织的整个生态系统，涉及供应商、客户和合作伙伴。

我所在的组织 Centigo 就是一个生动的例子。这是一家国际管理咨询公司，在瑞典、英国、爱尔兰和挪威都设有分支机构，已经发展出一种独特的运营模式，被称为“无老板组织”。在这种模式下，传统的等级制度被打破，没有正式的老板和管理者。

这个组织就像一个市场，员工像企业家一样行动。通过这种方法，为了在这个内部市场中争取工作，我们这些咨询师有动力变得更有吸引力。任务分配给拥有最相关的技能和最有动机的人。

这个系统鼓励我们咨询师的行为与 Centigo 及其客户的目标保持一致。竞争被视为创业动力的健康而且重要的组成部分，是推动公司发展的一个驱动因素。

通过结构化的招聘、选拔、发展、培训、激励和留任政策与程序，以确保人力资源的质量。所有合伙人和员工都会根据多个标准进行审查，重点是诚信和能力。最后，管理参与需要人力资源与客户合作，确保他们成为数字化转型团队不可或缺的一部分。这个过程确保了变革管理和实施项目能够从该项目的受益者那里获得必要的支持和认可。

管理权力斗争

数字化项目的大多数失败都是权力斗争的结果。每个失败的背后都有一只——不愿意改变或者更糟糕的是，希望项目失败的——幕后黑手。

权力斗争对数字化转型项目的破坏性影响，通常在组织中被严重低估。在大多数情况下，甚至根本没有考虑到这一点。这通常是由于管理者和领导者认为，仅仅因为他们比利益相关方拥有更高的正式权力，就可以强制实施数字化项目，但他们很快就意识到，事实并非如此，并为此付出了代价。

变革不可避免地导致权力转移

组织是社会系统。人们创造权力领地来使自己变得不可或缺。事实上，大多数人对权力的渴望超过了对金钱的渴望。金钱是获取更多权力的一种手段。

人们拥有的权力越多，对决策的控制和影响力就越大。数字化转型项目可能会让权力减少或从一个利益相关方转移到另一个利益相关方。自动化可能会减少某些人对特定任务的控制。数据分析工具可能会减少其他人对知识来源的控制。他们变得不再那么不可或缺，也无法再影响组织。因此，由于数字化转型而失去权力的利益相关方很可能最抗拒变革。大多数领导者并没有意识到这些问题，因此数字化转型项目会暴露给有权力优势的利益相关方，他们可能会阻碍变革。

案例研究：跨国制造企业中的权力斗争管理

问题

一家在欧洲和东南亚拥有业务的跨国制造公司制定了一项宏伟的计划，即在五年内将其营业额翻一番。为实现这一目标，公司领导层希望建立一个适当的商业智能解决方案，以实时跟踪其业绩，并在需要时调整其战略。我受雇于该公司，负责领导这一过程。

挑战

- 销售数据的获取依赖于少数几位高调且能力出众的销售经理。

- 这些销售经理在组织内拥有相当大的权力和影响力，因为他们为公司带来了大量的销售收入。
- 销售经理不愿意与其他人分享他们的知识、数据和信息。
- 涉及多个国家的多元文化。
- 缺乏明确定义的企业和商业战略，无法确定优先事项。
- 快速扩张和增长，同时伴随着大量的运营变化。
- 依赖过时无用的专有后端解决方案进行数据收集和分析。
- 后端解决方案与支持组织其他职能的现成系统之间缺乏集成。

解决方案

我试图通过与销售经理沟通，找出限制他们向客户销售更多产品和服务的原因。他们感到沮丧的是，产品样品要么需要很长时间才能到达，要么不正确或是质量差。此外，他们无法了解所接收订单的状态，还要浪费时间与生产部门联系以获取进度更新。

我的解决方案旨在化解他们的担忧，同时确保最小的手动输入要求。我引入自动化工作流程，为销售人员提供实时的订单状态反馈，以便他们有更多的时间专注于销售。我还与生产团队合作，在产品样品发布前实施更好的质量控制，以解决销售人员面临的另一个主要困扰。最后，我说服销售团队，通过梳理他们自己的知识并通过商业智能工具进行处理，他们将能够更好地向市场推销产品，同时产生额外的佣金。这显然是一个双赢的局面。

结果

- 对公司未来五年的战略优先事项达成了共同的理解和接受。
- 向所有利益相关方明确传达了仪表盘和关键绩效指标。
- 实施和推广了微软 Power BI 可视化工具。
- 能够实时获取信息，以便根据公司的战略意图快速做出决策。
- 大多数数据采集过程实现自动化。
- 利益相关方承诺在必要时收集所需数据以填充仪表盘。

权力也关乎对资源、知识和影响力的控制

权力通常等同于组织内部决策制定的正式职权。正式职权的权力转移在变革过程中最为明显，但通常也是最容易解决的问题。对资源、知识和专长的权力转移不太明显，并且经常由于结构、系统和流程的变化而出现，最难管理的权力是影响力。此外，影响力是数字化项目失败的最大原因。

影响力是一种只有那些密切参与组织日常运营的人才能看到的无形力量。组织中拥有最大影响力的人——影响者——通常是那些利益相关方仰望和信任的人。他们是赢得尊重和信誉的人，但并不一定是最张扬的人。事实上，影响数字化项目的影响力通常是通过私下传播来实现的。

影响者可能没有职权、专业知识或资源，但他们可以塑造或改变他人的思维，以积极或消极的方式看待数字化项目。你的一个关键优先事项应该是识别这些影响者并将他们争取过来（当

然，是以合乎道德的方式）。影响者的支持对于实现全组织对数字化项目的接受程度大有帮助，但发现他们并不总是那么容易。通常，你真正能识别他们的唯一方法，就是采取全方位的体验或参与（full immersion）的方法。

还记得那个燃油公司的案例研究吗？我是如何通过与员工并肩工作来赢得他们的信任的？我在参与过的几个项目中都采用了这种方法。当被赋予在一家航空业公司中进行财务职能数字化转型的任务时，我把我的办公桌搬到了几个不同的部门，做与员工相同的工作。这种方法不仅让我了解了财务部门正在发生的事情，而且我可以立即识别出哪些员工最有可能成为支持我推动变革的核心影响者。

了解数字化转型过程中权力将如何变化，对于知道抵抗最可能来自哪里至关重要。正式职权的变化可能导致裁员和降职，但也可能导致对资源的控制力减弱。对资源和专业知识的权力变化可能会引发工作模式的改变，需要当前利益相关方不具备的专业知识。另外，影响力方面的权力变化可能会在整个生态系统的社会群体中带来新的关系和地位。

数字化转型项目只有得到关键利益相关方的广泛接受才能成功。即使你的数字化战略是可实现和可行的，你可能最终需要妥协以使其可接受。这就是为什么“温水煮青蛙”（渐进式演变）通常是比“核巨变”更好的解决方案。早些时候我们讨论了数字化成熟度的概念，理想情况下它应该按顺序通过 DTMP 四个阶段进行，而不是从一个极端跳到另一个极端。渐进式演变在权力平衡中只会引起微小的涟漪，因此更有可能遇到较少的变革阻力。

塑造正确的行为

管理权力斗争是一种防御型策略，旨在将数字化项目带来的变革阻力最小化，但它并不是你的最终目标。相反，应该专注于构建一个进攻型策略，通过塑造正确的行为来实施数字化项目，从而创造变革的推动者。

塑造正确的行为是激励人们与组织共奏和谐乐章的关键。真正的挑战在于确定激励人们的因素，并建立正确的机制来激发这种动机。关键在于，不同的人会被不同的事物激励，同一个人在不同的情况下也会被不同的事物激励。

金钱只能实现短期激励

我经常被问到这个问题："我是否应该通过金钱奖励，来激励人们支持我实施数字化转型项目？" 我见识过不同的奖励系统，包括加薪、补偿金、绩效奖金和股票期权等。我可以肯定地说，人们本质上是无私的，他们的愿望是达成自我实现的目标，而且"诗和远方"的承诺确实在某种程度上激励他们为你的数字化愿景做出贡献并采取相应的行动。但对这个问题直截了当的回答是：是的，但要谨慎。

数字化转型应该为组织创造额外的财富，与那些为成功做出贡献的人分享这些财富是合理的。不幸的是，在当今高度物质化的世界中，对金钱的追求已经成为困扰社会规范和价值观的一种痴迷。我记得很久以前，我曾对一家工程公司的管理层和员工之间的贸易纠纷进行调解。讨论的一个要点是，员工在执行某些工作时可能面临致命事故的风险。我惊讶于工会如何坚持要求公司以危险费的形式补偿工人面临的风险，而不是要求公司投资以将风险最小化。有时，我觉得世界已经成为一个奇怪的所在！

金钱可能在短期内是一种有效的激励措施，但它只是一个维持因素。它的满足感会迅速贬值，为了达到相等的满足感水平，人们需要越来越高的补偿水平。这意味着用金钱来影响行为是一种维护成本高且不可长期持续的做法。

对金钱的强调不会带来忠诚。一旦有机会在其他地方赚到更多的钱，人们就会改变他们的态度和行为。

获得更多的权力会激励人

在很久以前，我常常会争辩说，人类本质上是善良的，如果给予他们空间和正确的环境，他们就会渴望对社会产生积极的影响。随着我的头发越来越灰白，我发现越来越难以坚持我对生活的浪漫看法。

请原谅我戴上了愤世嫉俗的帽子。我现在要说的是，真正长期驱动人们的不是金钱，而是获得更多的权力。这是因为获得权力会给人们带来比金钱更多的机会。权力使人们能够更好地为自己创造积极的影响，但这种影响也会被他人感受到。

我想起与一位从事慈善工作的领导人进行的一次有趣的对话。“你知道，戴维，”他告诉我，“在我的生活中，我遇到过很多人，他们免费为我的慈善机构贡献自己的时间和精力。他们当然为别人做了很多好事，但内心深处，他们这样做主要是为了自己，为了让自己感觉更好。”这并没有错。因为你有能力帮助别人且让自己感觉良好是一件好事，但这仍然是关于获得权力的。

通过各种来源获得权力，为人们提供了实现满足感的多种途径。正式职权赋予人们地位，而对资源的权力则赋予他们控制他人的自由和合法性。另外，对知识、专业和影响力的控制会产生越来越多的依赖，从而获得更高的地位、更大的权力及对资源的支配权。因此，增加获得权力的机会为人们实现他们更高层次的需求提供了机会。这是让他们将自己的目标与你的数字化路线图保持一致，并为他们创造持久动力的关键。

与他人分享你的额外权力

权力集中在组织顶层会导致独裁。增加自己的权力而不进行分配会让你离员工更远，独裁政权最终难免会在某个时刻陷入革命状态。

想想历史上所有的伟大帝国。他们最终都屈服于群众的意愿。组织也不例外。革命将意味着你的组织的灭亡。

增加权力并将其分布到整个组织，可以创造一个人人繁荣的民主环境。权力的分配鼓励人们共同努力，创造更多的组织权力，因为他们知道他们都将从中受益。

毫无疑问，成功实施数字化转型项目会在组织内部创造权力，因为它对消费者和其他利益相关方产生积极影响。这种权力可以让人获得更多的资源、权威、专业知识或影响力。与你的员工分享这种额外的权力会给你的项目带来合法性和广泛的接受度。

对权力的渴望在社会上有负面的含义，但在实践中，它本质上是一件好事。权力的增加本质上会使你处于更有利的位置，能够在变革中产生更大的影响。

许多组织专注于帮助人们发展他们的职业道路。这种方法的问题在于职业会发生变化。我们今天所做的大多数工作在十年后都将消失。在实践中，最好帮助员工发展出明确的权力积累途径。这是因为权力来源可以被重新组合和重新组织，以产生持久的影响。明确的权力途径将为您提供一种比金钱更有效的手段来激励员工，帮助您实现既定的数字化战略。

建立信任关系

数字化战略是为了未来，而不是为了现在或过去。一旦实施，它就是对更美好未来的承诺。管理权力斗争的关键在于减少对变革的阻力，同时建立取得成功的正确动机。权力是一场算计、交易、理性和自私的游戏。为实现权力而进行的合作基于这样一个概念，即整体大于部分之和，但对未来更多权力的许诺并不会让你的员工长期致力于实施你的数字化路线图。

承诺只能通过信任建立。权力诉诸逻辑和理性。信任基于感受和情感。权力以交易为特征，信任以关系为基础。

由于组织是社会系统，因此关系比等级更重要。不要让人们害怕你，而是要让他们信任你。对他们坦诚相待。向他们展示组织中的每个人在变革过程中都需要忍受的痛苦；他们最终会在某个时刻发现这一点。更重要的是，不仅要向他们展示痛苦，还要向他们展示如何化解这些痛苦。

伟大的领导者在追求成功的道路上分享他们的奋斗历程。这些领导者的首要关切不是如何管理因权力斗争而产生的阻力，而是减轻数字化转型项目对他们的员工带来的负面影响。伟大的领导者首先了解他们员工的担忧，这意味着他们听得多说得少。然后他们与员工一起寻找解决方案。

倾听员工，并不只是制定一项开放政策，而是走出办公室，和一线员工打成一片。开放政策是反应性的，他们邀请人们提供反馈，说明出了什么问题，以便他们的领导能够采取行动，但大多数人不会提供反馈。他们默默忍受。当你与员工一起工作时，你能得到最好的反馈。花时间做他们做的事情，没有比这更好的方法来了解他们的感受了，然后他们就会把你当作自己人。

变革会带来痛苦，需要人们做出牺牲，但分享权力不仅包括收益和奖励，还必须包括痛苦和牺牲。如果领导者不感到痛苦，他们就不能期望其他人承担责任，所以一定要以身作则。如果你分担痛苦，你将建立信任，并创建一个紧密团结的社区，和谐地工作以实现组织的愿景。

小结

数字化转型项目的成功实施不是一个孤立的领导者的个人工作，而是需要组织内各个层级的共同努力。这需要在愿景、业务运营模式和组织文化之间保持适当的协调一致。

如今的管理者越来越认识到文化在任何转型项目中所扮演的重要角色，但文化改变不可能一蹴而就。在新的规范和价值观得以确立之前，需要一个漫长而痛苦的重新发现过程。

我发现一个三步走的过程在实践中效果最佳。通过让你的员工参与实现统一战线的道路，激励他们追随你的数字化愿景；通过了解组织的内部权力结构和管理权力转移以减少潜在的冲突，从而最小化对变革的阻力；在通过信任建立承诺的同时，分享转型项目产生的额外权力，以塑造正确的行为。

知识要点

- 组织是受共同目标启发的生机勃勃的生态系统。
- 明确结构和期望以及满足期望的能力是很重要的。
- 最终决定数字化转型项目成功与否的是正确的组织文化，这种文化能够激发满足期望的动力和承诺。
- 改变成熟组织的文化是很困难的，因为它已经经受住了时间的考验。起点是与你的员工共同创建一个令人信服的未来愿景。
- 除非你从员工那里获得了对愿景的承诺和归属感，否则你无法实施它。只有负责实施的人直接参与塑造它，他们才能获得对愿景的归属感。
- 组织的结构是由为了实现成功所需完成的任务来决定的。
- 非正式社交系统（如基于信任和尊重的实践社区），在将你的数字化战略付诸行动方面最为有效。
- 变革不可避免地导致权力转移。权力不仅关乎正式职权，还关乎对资源、知识和影响力的控制。

- 如果你想知道抵抗最有可能来自哪里，那么了解数字化转型项目将如何改变权力平衡是至关重要的。
- 你的最终目标不是最小化抵抗，而是为塑造正确行为制定进攻型策略。
- 金钱只能在短时间内激励人们。真正激励人们的是获得权力的机会。与他人分享通过数字化转型项目产生的额外组织权力。
- 对未来权力的许诺不会产生承诺。承诺是通过信任建立的。

第 8 章

找到合适的技术

尽管我从事数字化转型领域的工作，但可能让你感到震惊的是，我并不是一个技术或实操方面的高手。我妻子认为我有一种奇怪的错觉，认为房屋维护是会自动完成的。有一次，我们家的灯几乎完全熄灭了，我才说服自己（在老板的强烈“劝说”下）换灯泡。我唯一一次尝试粉刷房子的经历变成了一场灾难，唯一可见的结果是我去看了医生，因为我把油漆弄到了一只眼睛里。油漆被弄得到处都是，除了它应该在的地方；从那以后，我甚至被禁止接近油漆罐。我甚至不知道如何打开我汽车的引擎盖，尽管我知道在引擎盖下面，一定有某种奇怪的魔法让车轮转动。

对我来说，技术也是如此。我不会编写软件，也不会修理或配置个人电脑或笔记本电脑。我不能设计网络基础设施或安全系统来保护数据和知识。我很难在我自己的终端上安装打印机和其他驱动程序，更不用说为别人做这件事了，但我绝对可以成功领导数字化转型项目的设计和实施，为企业股东带来切实的收益。

“我该怎么做呢？”你可能会问。虽然我不是技术狂人，但我已经花了二十多年的时间来理解各种技术和应用程序如何对商业和人们有益，以及如何实施它们以获得最佳结果。这就是数字化转型的本质。

在本章中，我将回顾如何将你的技术系统与业务运营模型和组织文化相结合。图中概述了一个高层次框架。

该框架汇集了本书中迄今为止所涵盖的所有核心要素，以确保实现适当的战略和运营对齐，来确保数字化转型项目的成功。找到合适的技术涉及三个关键考虑因素：对你的数字化路线图进行有效的商业论证评估；为你的解决方案制定明确的功能和技术要求；确定你将如何获取、开发和维护技术。

对数字化路线图进行有效的商业论证评估

你的董事会可能不太关心解决方案背后的技术有多先进。他们更感兴趣的是了解你提出的数字化路线图将如何为组织增值，这就要求你用一个恰当的商业论证来支持你的方案，明确并量化在目标核心能力上可衡量的绩效改进，并将这些改进与初期投资和运营成本进行比较。

在项目集和项目两个层面进行商业论证评估。在项目集层面，商业论证评估会审查整合后的投资和运营成本与数字化转型项目集预期的整体收益之间的对比情况。相比之下，针对特定技术应用实施的商业论证评估，则会衡量流程绩效的改进情况与实际发生的成本之间的对比情况。由于系统迅速过时，投资回收期可能是比传统的内部收益率更合适的指标。

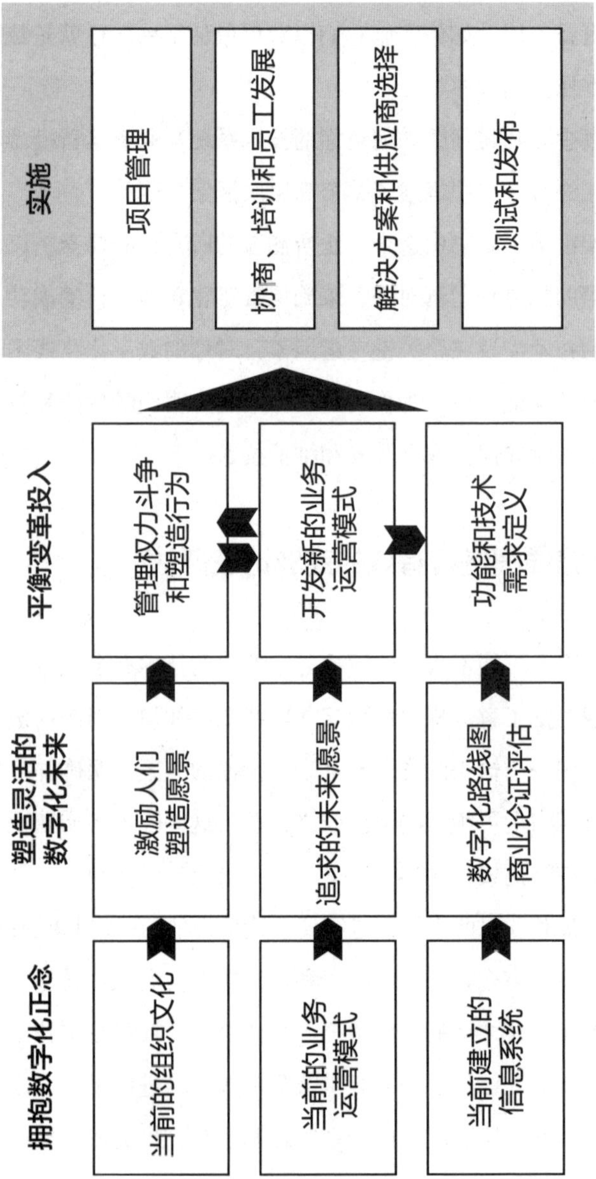

技术系统和业务运营模型框架

商业论证评估不应是在数字化转型项目集启动阶段进行的一次性过程，应该在数字化项目集的各个阶段和每个子项目上进行开发。这采取了一种门径系统形式，在其中各个检查点进行更详细的评估。这样的系统等同于项目管理协会（Project Management Institute）所倡导的、专门用于实施技术项目的PMBOK模型。

案例研究：为一家国际石油和天然气公司制定商业论证方法论

问题

一家领先的国际石油和天然气公司在多种碳氢化合物和可再生能源领域拥有投资，希望重组其现有的系统，以管理集团在全球范围内正在进行的多个战略型IT项目。我受命为该系统提供必要的工具和指南支持。

挑战

- 当前使用的高度复杂的项目管理框架变得不可操作。
- 要实施的项目框架未得到管理信息系统的必要支持。
- 没有适当区分日常运营的IT任务和战略型IT项目，且明确性不足。
- 没有适当的结构来进行商业论证评估。
- 员工对当前IT项目管理框架缺乏归属感，存在不满情绪。

解决方案

我提供的解决方案：

- 制定了一个关于“项目”的统一定义，旨在员工之间明确哪些类型的倡议可被视为需通过此流程进行管理的项目。
- 引入一个基于风险、复杂性、专业性和重要性的项目分级系统。
- 建立一个标准化的门径系统，用于在各个检查点评估技术项目的可行性。
- 开发进行适当商业论证评估的标准化方法。
- 根据分级结果开发了三条专用的项目管理路径。
- 为每条项目管理路径开发定制的程序和方法。
- 通过基于 SharePoint 的定制应用程序来实现工作流程的自动化。

结果

- 对项目的构成要素有了更清晰的认识。
- 商业论证评估的有效性得到了提高，反映了项目存在的风险和复杂程度。
- 基于风险和复杂性开发了不同的项目管理路径，提高了 IT 项目实施的效率。
- 新推荐的商业论证评估和项目管理方法得到了广泛的接受。

最好的并不总是对的

许多经理和领导者错误地认为，他们业务背后的技术越复杂，结果就会越好。因此，他们寻找市场上最好的系统，希望通过砸钱来解决问题，从而使问题有效地消失。

他们没有看到的是，最好的技术可能并不适合他们的组织。以传统的 ERP 系统为例，如 Oracle 和 SAP，通常被认为是市场上最好的工具之一。它们提供多种类型的模块和多个版本来满足不同行业的需求，并拥有令人印象深刻的各种功能，使用户能够自动处理并生成可以想到的任何类型的报告。然而，我看到一些组织的领导者在努力掌握这些系统的基础知识，同时投入数十万英镑的维护和定制成本来运行它们。与此同时，我看到有些领导放弃了这些高大上的系统，转而使用更简单的系统。

请不要误解我的意思：这些工具的底层技术非常出色，并得到高度专业的质量控制系统和客户关怀流程的支持。我只想说，它们可能并不总是所有组织的正确选择。

强调价值，而非功能

根据我的经验，一些组织领导者试图证明实施新系统的合理性，仅仅是因为它比他们一直在使用的系统更现代。变革会给组织带来时间、金钱和人际关系方面的成本，因此只有在它产生的价值超过其成本时才有意义。技术是一种工具，而非解决方案。如果你的工具仍然满足需要，那么就请不要考虑改变它。

组织不会保持不变。它们会随着时间的推移而发生变化，希望朝着更好的方向前进，而不是随波逐流。企业的发展方向由其商业战略决定。与今天相比，它们可能会变得完全不同。因此，你选择的系统需要能够满足组织当前的需求，并具有必要的可扩展性和灵活性，以适应未来的需求。

复杂的系统比简单的系统更难实施，需要更长的时间，并且通常需要更多的调整、测试和培训。此外，复杂的系统也更难维护，因为它们可能存在更多的潜在错误需要修复，并且通常需要更多的用户支持，因为人们可能会对其使用方法感到困惑。此外，在数字化转型过程中，它们也更难改变，并可能拖慢你的进度。我的建议是选择最简单的、能满足你需求的系统。

案例研究：为小型专业服务公司找到合适的 IT 系统

问题

一家小型专业服务公司希望实现业务流程自动化，并正在寻找一个合适的系统来支持其业务。该公司将自己定位为提供专业咨询服务的利基提供商，专注于与客户建立个性化关系。公司拥有约 10 名员工，营业额约为 100 万美元。我被要求支持该公司寻找适合其业务的系统类型。

挑战

- 有限的财务能力，无法在 IT 方面投入大量资金。
- 依赖非标准化的手动流程。

- 处理复杂结构和系统的行政能力有限。
- 公司正在经历快速增长和业务需求的快速变化。
- 没有适当的绩效指标来评估当前的业务成果。

解决方案

我提出的解决方案如下：

- 确定核心能力，包括服务质量、客户关系管理、品牌声誉和技术专长。
- 确定并规划支持相关核心能力的关键流程。
- 将不同流程按功能区进行分组。
- 确定构成系统核心模块的组件，包括客户关系管理、文档管理、商业智能和时间管理。
- 寻找支持客户需求的替代系统。
- 邀请相关供应商提供报价。

最终的选择是，要么使用 Microsoft Dynamics 这一集成系统，要么采购专门针对每个领域的多个子系统。这些子系统包括 HubSpot（客户关系管理）、Dropbox（文档管理）和 Avaza（时间管理）。我认为使用多个专业的子系统更为实用，因为它们提供了适当的基础功能，而无须承担更复杂的 Microsoft Dynamics 系统所带来的额外维护成本。

成果

- 关键绩效指标的可访问性和可用性。
- 核心运营流程的自动化。
- 行政工作时间减少 30%。
- 内部控制和文档访问的加强。
- 潜在客户转化率提升。

为系统制定明确的功能和技术要求

确实，这听起来可能很明显，但你可能会惊讶于我曾与之共事的许多组织的领导者和管理者，他们并不完全确定自己想要采用新技术来做什么和实现什么目标。他们最终给出的答案往往很模糊，比如“提高绩效”“提高质量”或“提高客户满意度”，而不会详细说明他们希望提高绩效、质量或客户满意度的哪些具体方面。他们也没有寻求建立可量化的改进指标。

这引发了一个重要的问题。如果你不知道新技术具体要实现什么目标，你怎么能知道自己是否成功了呢？更糟糕的是，你可能不知道从哪里开始。由于不知道自己想要做什么和实现什么，你注定会失败。因此，你需要识别、定义和量化提议的技术所覆盖的关键端到端流程。

这个框架说明了基础技术应用与其所支持的核心能力之间的关系。核心能力是由一系列关键的端到端流程组成的，这些流程将输入转化为一系列相互关联的输出。请定义构成你优先关注的核心能力的核心端到端流程，衡量它们当前的绩效水平，并为每个流程确定绩效改进目标。随后，测量当前通过该流程管理的交易量和活动量，以及未来所需的容量。

技术系统通常基于特定的功能进行构建，而端到端流程则跨越多个功能执行。这意味着一个端到端流程可能需要多个技术系统模块来完成。将端到端流程重新定义为表示特定模块的功能需求，并确定它们之间的依赖关系，然后定义系统应达到的性能水平。

你可能需要考虑几种技术系统来支持你的关键业务流程。在本节中，我们将考察业务中最常用的三大类技术系统（这些类别并非详尽无遗），这些包括核心系统、后端系统和前端系统。

核心系统

你的核心业务是你商业的引擎。调整引擎，提高效率，改善性能，它将帮助你在旅程中遥遥领先。

在核心业务中实施系统是我们本节所涵盖的三个类别中最具影响力的，但它也可能带来最高的风险，因此成为你数字化转型项目中最具挑战性的部分。这是因为战略要求核心业务需要具有独特的竞争力，这需要执行独特的流程和定制化的系统。

各类组织的核心业务是多种多样的，并依赖它们所处的竞争行业。在系统开发方面，我们可以将核心业务分为两个不同的类别。在第一类中，我们找到了能够自动化创建实际输出并将其交付给客户的系统，我称呼它们“创作者”。对于第二类，实体产品和服务，创作者将采取技术和/或工程设备的形式，可以对物体进行排序、挑选、处理、组装或移动。需要此类系统的典型行业包括物流、仓储、制造、运维、酒店和分销部门。这些技术超出了本书的范围。

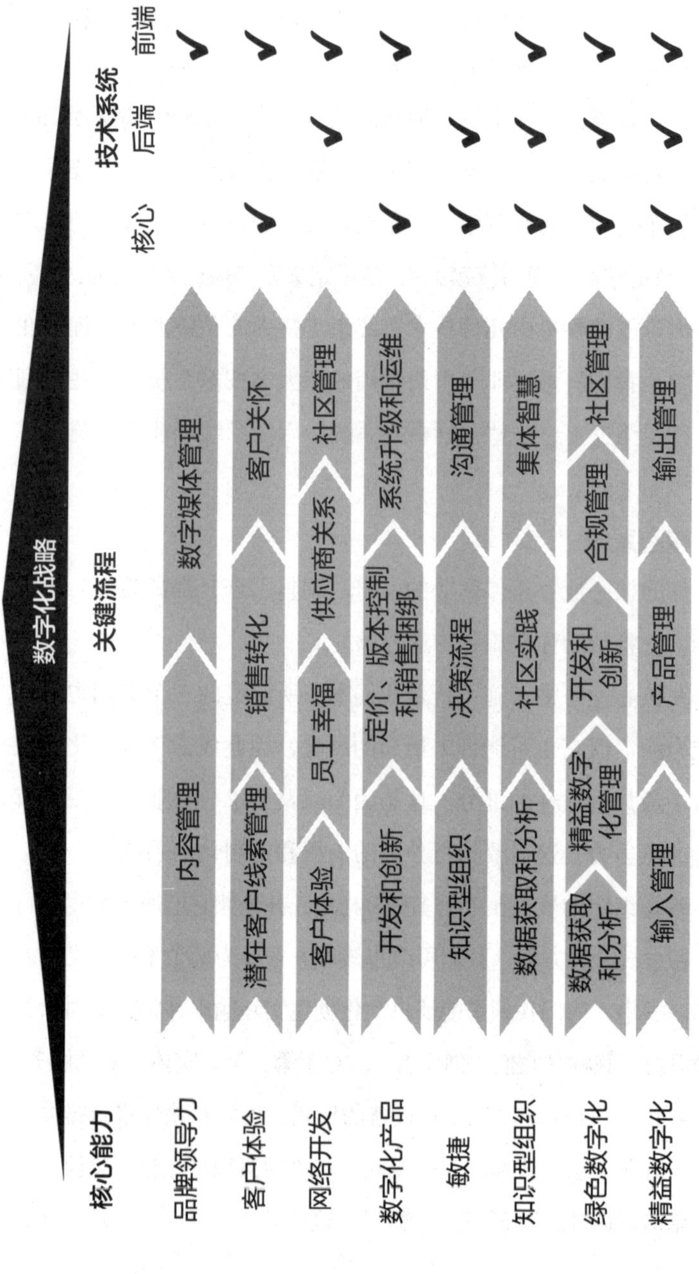
数字化战略
核心能力
关键流程
技术系统
核心
后端
前端
品牌领导力
内容管理
数字媒体管理
客户体验
潜在客户线索管理
销售转化
客户关怀
网络开发
客户体验
员工幸福
供应商关系
社区管理
数字化产品
开发和创新
定价、版本控制和销售捆绑
系统升级和运维
敏捷
知识型组织
决策流程
沟通管理
知识型组织
数据获取和分析
社区实践
集体智慧
绿色数字化
数据获取和分析
精益数字化管理
开发和创新
合规管理
社区管理
精益数字化
输入管理
产品管理
输出管理

数字化和关键流程框架

对于信息产品和服务，创作者系统将有效地将原始数据转换为信息，将多个信息源组合成知识，存储数据并 / 或授权第三方访问。使用此类系统的公司示例包括市场研究（Datamonitor）、社交媒体（Facebook）、在线阅读材料（Kindle）和在线音乐（Spotify）。我广泛参与了初创公司的创业过程，这些公司主要涉及社交媒体、电影、音乐和软件等领域的信息产品开发。

案例研究：挖掘专有施工管理系统的潜力

问题

一家专门为建筑行业开发基于专有云的信息管理平台的软件公司，希望扩大其业务规模并最大化其工具的商业潜力。通过一家国际管理咨询公司，我受邀支持该组织，并提供有关其业务国际化的建议。

挑战

- 相对较小的初创公司，资本有限，难以支持扩张战略。
- 价值主张不明确。
- 客户服务流程不规范。
- 依赖手动开发流程。
- 专注于一个非常小的市场，限制了扩张机会。

解决方案

我提供的解决方案如下：

- 评估和引入数字化工具，部分实现核心业务流程的自动化，包括开发、运维、客户支持和数字营销等流程。
- 通过开发替代解决方案包和新版本重新定义数字化产品组合，以满足公司不同细分市场的特定需求。
- 开发并制定了简化版的标准化全系统版本，以便在云端低价销售给大众市场的小型建筑公司。
- 优化并最大化数字营销和集客营销的使用，将其作为有效触达客户的方式。

成果

因此，该公司：

- 将系统商业化并扩大规模，以在国际市场上吸引更广泛的受众。
- 推出了创新的产品和服务，以提供可持续的经常性收入来源。
- 在中东和英国加强并发展了品牌知名度。

在第二类中，我们发现了围绕实体产品和服务的决策流程自动化（但不涉及实际生产流程）的系统。在制造业里，此类系统通常会触发采购材料、调度资源、开始生产、控制质量、将最终产品分发给客户以及监控生产流程整体绩效的需求。在服务企业中，这些系统通常用于分配资源、分析风险和确定要为客户提供的服务类型或形式。

金融服务行业是一个典型的例子。银行分析数据，以决定是否向客户提供贷款。保险机构分析风险，以决定向客户收取多少保费。在线游戏公司分析概率和统计数据，以确定是否接受来自不同玩家的赌注。

后端系统

后端系统可能是三种系统中最简单的一种，因为有许多最佳实践可供参考。传统的后端系统是执行不同行业中通用的标准化流程的 ERP 系统，如人力资源、行政管理、采购、库存、财务、安全、运维和文档管理。实际上，你可能会使用的每个后端系统都涵盖了不同的功能，具体取决于相关供应商如何解释系统的用途。

我的经验表明，如果你已经有一个稳健的核心操作系统，那么你最有可能从后端系统中获得良好的价值。这主要是因为后端系统通常需要从你的核心业务中获取信息才能正常运行。

你可能还记得我支持的那家建筑公司实施了全面的数字化转型项目。核心系统由一个建筑工程管理系统组成（该公司尚未准备实施建筑信息建模），该系统负责安排项目进度、分配材料和劳动力及间接费用。它还跟踪了现场的材料使用情况，以及每个项目按计划取得的进展。ERP 系统是一个独立的工具，用于管理所有材料的采购和存储。库存功能负责管理发放给相应现场的材料，并通过经济订货量系统来管理消耗品，通过物料资源规划系统管理所有其他材料。

然而，ERP 系统依赖于每个现场准确且详细的材料规划。这只有通过核心建筑项目管理系统才能实现。

在实施 ERP 系统时，大多数公司都从财务功能开始。这是开始实施 ERP 系统的合乎逻辑的地方，因为财务信息通常是评估组织绩效需要分析的最基本数据。但我的经验表明，许多涉及实施财务系统的数字化项目未能达到预期效果，因为它们采用了功能性方法。

财务流程超越了功能界限，需要从其起点进行管理和优化。以应付账款功能为例。当企业处理应付账款时，我发现的大多数问题都源于缺乏适当的系统来管理采购阶段的工作流程。他们没有采用已建立的三方匹配系统（采购订单 / 收货单 / 发票），因此账户会收到一张意外的发票，需要经过几轮审批和解释才能结算付款。一个适当的采购到付款周期，将保证发出经电子批准的采购订单，从仓库经理那里收到已验证的收货单，以及从供应商那里收到已对账的发票。

前端系统

前端系统的重点是提升客户体验。这种系统最常见的类型可以分为三个关键类别：管理营销和社交媒体活动的系统、管理客户和销售渠道的系统，以及管理在线交易的系统。

管理营销和社交媒体活动的系统旨在创造一种感知和期望的品牌体验，让客户能够享受使用组织的产品和 / 或服务所带来的潜在好处。它们通常与你的组织的社交媒体主页和网站相关联，并提供丰富的客户数据，包括偏好、来源和生活方式。

这些系统本质上旨在帮助你有效地与客户沟通，但它们只有在你首先有强有力的信息要告诉客户时才会奏效。因此，你应该优先考虑希望客户在品牌方面如何感知你的组织，随后开发出强有力的信息，清晰地传达你要表达的内容。分析将帮助你调整信息，以吸引合适的客户。

你可能会惊讶于你可以在网上找到多少关于你客户的信息。我记得考虑过聘请一名“增长黑客”来管理我公司的网站和社交媒体。我问他是否有可能识别出查看我内容的具体用户画像。

“如果问我你的观众中是否有人喝咖啡，我会告诉你他们所喝咖啡的确切品牌。”他告诉我。当你想到这一点时，的确会感到害怕。

管理客户和销售渠道的系统通常被称为 CRM 系统。虽然营销系统的重点是提高品牌的知名度并产生咨询，但 CRM 系统的目标是将这些咨询转化为忠诚的付费客户，并按照品牌承诺提供服务。

简单来说，CRM 系统可分为三个关键工作流程。首先，它们可以帮助你跟踪和衡量销售流程的绩效，从生成咨询和寻找潜在客户，一直到向客户实际销售。但它们通常超出了产品和服务的销售范围，并帮助你管理售后过程中的客户。这包括跟踪和处理客户问题和投诉、衡量客户满意度、管理问题解决方案和识别交叉销售机会。

在某些情况下，CRM 系统用于向客户开具已交付产品和已提供服务的发票，但你可以使用它们的最有效方法是创建价值阶梯和销售漏斗。如果你想了解更多关于这些概念的信息，我建议你阅读《疯狂销售》（*Sell like Crazy*）这本书，它将销售艺术变成了一门真正的科学。

许多前端系统已经发展到可以通过单个应用程序管理营销活动和客户关系管理功能的水平。我看到许多组织使用的最流行的系统包括 HubSpot 和 Salesforce。管理在线交易的系统通常被称为在线门户，但它们需要正确的核心和后端系统来支持。

我记得在电子商务热潮达到顶峰的时候，有一家保险公司的承保人想要为客户推出一个在线申请机动车保险的功能。考虑到当时的炒作热度，这是一个很好的举措，但该公司尚未建立适当的保险业务（核心）系统和支持该服务的后端系统。

尽管如此，承保人还是推出了这项服务，结果证明这是一场运营噩梦。客户在线填写表格并支付所要求的金额。电子邮件的消息表明他们的申请正在处理中。每天，承保人会从系统中生成一份报告，并打印出所有收到的申请列表。随后，承保人需要手动检查每项申请的应付保费、无索赔奖励资格，以及与保单相关的任何特殊条款和条件。因此，许多客户不得不被联系，并被告知他们的保单和保费已作修改。在某些情况下，甚至不得不撤销保单。

这种考虑不周的实施过程作为例子说明，如果你在推出新系统之前没有准备好所需的一切支持，可能会发生什么。

技术获取、开发与运维的策略制定

嘿，就这样吗？市场上难道没有更多类型的系统和应用程序可以用于不同的目的吗？如果你是技术专家，你现在可能会大喊："数据湖、信息安全系统、项目管理系统、应用程序接口、知识管理系统等呢？"

在你开始批评我之前，我会第一个告诉你，技术为商业提供了无限可能性与各种应用程序和应用场景。事实上，技术市场正在不断发展和变化，因此要对各种应用程序进行全面分类是过于雄心勃勃以至于不切实际的。然而，我敢断言，我之前描述的核心系统、后端系统和前端系统，代表了任何组织都可以作为其数字化转型项目一部分的基础应用程序。

为这些系统开发功能需求和规格定义了支持你的关键业务流程所需要的内容，但还有一个关键问题尚未得到回答。你将如何获得你需要的东西？这最终将取决于你希望对技术行使的控制程度以及你适应变化所需的灵活性。

确定你对技术的控制程度

这里的控制是指你希望获取的技术的所有权，以及你是否有能力对系统进行修改，并更改和/或扩展其用途，而无须第三方干预、许可或依赖。当你为组织购买技术系统时，我建议你问自己四个基本问题。

我应该购买还是租赁设备？购买技术设备可能需要大量的前期投资，但从长远来看，通常比租赁更便宜。然而，购买自己的设备通常要求你开发自己的服务基础设施。你可以将其外包给第三方，但这并不总是确定无疑的。

租赁设备通常比购买更昂贵，但提供了更大的灵活性，可以根据你的业务规模进行扩展和缩减。租赁选项通常是全面的，包括服务元素，供应商需要在设备出现故障时提供替换服务。

我应该自己开发软件还是外包给第三方？内部软件开发和支

持团队，为你提供了对技术系统的更好控制和灵活性。由于你是他们唯一的客户，这些团队通常也提供快速支持，但在实践中，很难为你的所有需求建立内部团队。这主要是因为你的大多数系统可能是专业化的，并依赖于供应商。由于涉及学习新技能和专业知识，内部团队在从一个技术切换到另一个技术时提供的灵活性较小。我的建议是尽可能外包。

我应该购买现成的产品、开发专有系统，还是妥协通过委托定制应用程序？专有系统通常是为客户专门开发的，为组织提供了最高程度的主导权，但它们构建时间长、价格昂贵，并且存在很高的漏洞风险。现成的系统为用户提供了标准化的工具，可以通过即插即用的方式轻松实现。虽然通常需要进行一些定制，但这并不重要。

现成的系统便宜且稳健，因为它们经过试用和测试，可以快速实施，但更改和定制它们的机会有限。定制系统基于标准的数据库平台，通过该平台开发应用程序。它们很受欢迎，因为它们在专有系统和现成系统之间提供了中间选项。

我应该使用云还是建立本地基础设施？云系统正变得越来越流行。云系统通过利用最佳的信息安全协议，使你的文件和应用程序得以远程访问，同时降低了初始投资和存储资本。在规模上，云系统可能比内部系统更昂贵。总的来说，随着规模经济效益的显现，云应用程序正变得日益强大和便宜。除非你的核心业务流程是在线交付解决方案和服务，否则请尽可能迁移到云端。

实际上，这些问题没有正确或错误的答案。我在实践中看到过几种类型的安排，每种都有其自身的优势和限制。根据经验法则，在决定之前，再问自己一个问题：**你的技术对你组织的竞争优势来源有多重要？**你的业务成功对技术的依赖程度越高，你就越需要对其进行控制。

确定你的系统适应变化的灵活性

灵活性指的是你的系统能够适应你所面临的外部环境变化的能力。尽管你可能认为在所有情况下最大程度的灵活性都是可取的，但它也带来了一些限制。当你确定系统所需的灵活性水平时，以下四个要点概述了需要考虑的问题。

1. 高度集成促进效率，但模块化系统对变化更敏感。集成系统为组织提供了完整的端到端流程解决方案。它们通过单一平台运行，优化了工作流程并最大限度地提高了自动化水平，但它们相对不够灵活，且需要付出高昂的代价来做出改变以反映外部环境。这是因为流程变更需要对整个系统进行多处更改。

相比之下，模块化系统围绕核心流程构建。这意味着核心流程的变化只会影响该模块，而不会影响整个系统。然而，模块化系统可能效率较低，因为它们与其他系统集成存在局限性。

2. 单一供应商具有便利性并有助于促进责任追究，但多个供应商则能让你充分利用他们各自的优势。单一供应商提供了一站式服务的便利，并负责对系统问题进行故障排除，但他们可能在某些方面表现出色，在其他方面则较弱。使用多个供应商可以使你的组织最大化地利用各个供应商在不同领域的优势，但管理他们更加复杂。由于问题似乎总是归咎于其他供应商，因此可能难以实现责任追究。

3. 版本发布为变化提供了受控的环境，但持续更新能够确保组织保持领先地位。结构化的版本发布是安全的。它们在被引入到实时环境之前，通常会在多个站点进行试用和测试，但它们可能需要很长时间才能实现组织非常需要的功能。这可能会因为需要在该特定版本发布中纳入其他功能而被延迟。

持续更新更能满足组织的需求。一旦需要新的功能，组织就会发现它已经包含在系统中。与版本发布相比，持续更新或定制可能是一个更冒险的选择，因为它们没有在多个环境中进行测试，并且与版本发布相比，它们的成本要高得多，因为它们通常要由你所在组织的账户全额付费。

4. 基于用户的定价模型提供了更多的灵活性，但基于设备的定价在大规模下可能更具经济性。市场上可供选择的 IT 系统许可协议形式多种多样，不胜枚举。软件开发人员正在寻找越来越有创意的产品定价方式，以满足其客户的特定需求。

最基本的形式是永久许可证，它实际上授予组织无限期且没有限制地使用系统的权利。然而，除非开发人员参与了由你的组织大量资助的完全专有开发，否则，他们不太可能授予你永久许可证。在大多数情况下，开发人员会根据用户数量或设备数量、功能的可用性或使用时间来设置使用限制。在某些情况下，许可条件会对这些因素中的多个施加限制。

到目前为止，我见过的最常见的许可安排形式是基于用户数量或设备数量。基于云的解决方案几乎总是采用基于用户的定价模型。这为你的组织提供了巨大的灵活性，可以随着规模的扩大迅速将所需系统的访问权限扩展给更多用户。随着用户数量的增长，基于设备数量的许可安排往往会变得更便宜，一旦处理单元达到最大容量，增加新用户将需要购买新的设备许可证，这比基于用户的选项要昂贵得多。

在大多数情况下，我的建议是与你的供应商协商基于用户的许可协议。这通常比基于设备的选项更透明、更灵活、更简单。

小结

数字化转型更多的是关于业务和人员，而不是技术。我相信这对你来说并不是什么惊人的消息。每一家顶级科技公司的可靠数字化顾问都会告诉你这一点，但大多数数字化项目在实践中仍然专注于技术的花哨功能。

即使组织领导者采纳了这一合理的建议，他们的数字化项目也往往会失败，因为他们未能同步协调业务、人员和技术之间的关系，使之产生协同效应。请记住，成功不在于拥有最好的系统、人员和流程；而是拥有合适的人员（文化）和合适的系统所支持的正确流程。

本章重点关注了数字化转型项目的技术方面。选择合适的技术需要你对数字化路线图进行有效的商业论证评估，确定技术的需求和目标，以及确定如何交付和运维这样的技术。

知识要点

- 当你构建一份概述技术优势的商业论证评估时，需要强调价值，而非功能。

- 你应当定期更新商业论证评估，以确保你的系统仍然创造价值。
- 只有当技术系统变革产生的价值超过其成本时，变革才有意义。
- 复杂性增加成本并降低敏捷性。选择能够满足你需求的最简单的解决方案。
- 识别、定义并量化由所提议的技术覆盖的关键端到端流程。
- 市场上技术应用程序的类型和形式多种多样，但基础应用包括核心系统、后端系统和前端系统。
- 核心操作系统可能最具影响力，但风险也最高。
- 后端系统的实施可能很简单，因为它们遵循经过验证的最佳实践。
- 前端系统的重点是提升客户体验。
- 与技术提供商建立恰当的关系对于确保成功实施至关重要。这要求你确定所选技术所需的控制和灵活程度。

结论

Conclusion

我在本书开篇即指出，数字化转型具有多面性。其中一些方面闪耀着希望的光芒，为组织及其利益相关方带来更加美好的未来、财富和繁荣，但大多数方面都存在阴暗面。它们在整个过程中造成了诸多损失，同时误导组织的领导者相信技术可以解决一切问题的谬误广为流传。

技术只是一种工具，与其他所有工具一样，其有效性取决于如何使用。简单地利用技术来解决业务问题，肯定会加入全球各行业中失败数字化项目的长名单。

本书的中心思想是，如果你遵循几个基本步骤，数字化转型可以很简单，但它并不容易。技术应该通过加强构建核心能力的关键流程，为你的业务在市场中的成功奠定基础。另外，组织是超越功能边界的鲜活的生态系统。它们由受权力和信任来源高度影响的关系构成。技术不可避免地会打破权力的自然平衡，制造潜在的阻力点，但如果成功，它会增加组织在其市场和 / 或行业中的集体权力。

如果你的数字化战略与你的商业战略紧密保持一致，这种集体权力可以得到极大的提升。将这种权力分配给你的利益相关方不仅在道德上是正确的，而且对于最小化对变革的抵制也是至关重要的。成功的权力游戏是让每个人都获胜的游戏。

对更多权力的承诺可以减少对你的数字化项目的抵制，但仅凭这一点，并不能确保对其实施的长期承诺。承诺是建立在信任之上的。信任只有通过关系才能加强。

为了获得信任，领导者不能从远程指挥中心甚或是敞开大门的办公室来发号施令。与其实施开放政策，不如让领导者走出去，加入人们的日常工作中。激励员工需要领导者践行企业的愿景，同时展示他们对日常战略的承诺。

愿景是永恒的，代表着一个组织期望对社会产生的影响。商业战略是暂时的，基于一个组织对未来未知的预测。要想取得成功，你的数字化战略必须与你的商业战略保持一致。问题在于，未来不仅是未知的，而且随着周围环境的演变，它正不断变成混沌。

当今的技术是我们周围混沌的主要来源。我们正处于以颠覆性技术为主导的工业 4.0 时代，这些技术彻底改变了整个行业。然而，混沌并非坏事。随着传统组织久经考验的惯例逐渐被打破，技术混沌为初创企业和较小规模的企业创造了挑战更大竞争对手的机会，并在公平的竞技场上竞争以夺取宝座。

要想成功，你的数字化战略需要满足两个要求。首先，你的数字化路线图需要建立在坚实的基础上。这就是为什么了解你现在在哪里与了解你想要去哪里一样重要。这要求你停下来环顾四周，然后从他人那里收集反馈，集思广益，从而克服你狭隘的有利位置。

你的路线图需要确定当前你在 DTMP 的位置，并确定你的组织将如何从这一路径的一个阶段过渡到下一个阶段。如果你是第一次尝试数字化运营，那么从实验开始，这将帮助你打造声势。一旦你的组织内部开始着手进行大规模的数字化转型项目，就要集中精力掌握一种核心能力。这个阶段将确保你围绕组织所需的关键技能建立核心优势，并应转向第三阶段，即推广以全面巩固。这涉及通过你的数字化举措发展多种能力。

达到这个阶段后，你可能希望通过领导创造数字混沌来追求卓越。这需要一种全新的思维方式，你的目标是开发自己的创新技术来颠覆你的行业。DTMP 的第四阶段并不适合胆小怕事的人。它要求你开疆拓土，前往别人从未涉足的地方。

你的数字化战略需要满足的第二个要求是，战略本身及其实施必须足够敏捷，以迅速应对环境变化。这将要求你建立必要的动态能力。应对变化的最好方法，莫过于倾听你周围发生的事情。科技已经使听到噪声变得容易且便宜；困难在于倾听重要的东西。通过选择听什么来磨炼你的倾听技巧。

如果可能的话，实时监控你组织的生命体征。它们的不健康可能导致你的组织灭亡。对你的数字化战略的关键领域进行定期的健康检查，以识别潜在疾病的警告信号。然后调查来自你的生命体征监测和业务健康检查的红色警报。

然而，如果倾听不能带来行动，那么倾听就没有意义。行动要求领导者做出迅速决策，建立有效的沟通渠道来传播信息，以及敏捷的结构、系统和流程来使决策得以实现。高级管理层的迅速决策，是基于他们对组织的生命体征、健康检查和红色警报的评估。

通过把权力、责任和职权授予给你信任的人，以及扩展你的组织边界以覆盖你的整个业务生态系统，可以加快沟通速度。通过将变革过程结构化为务实的惯例，可以优化决策的有效实施。

为你的业务选择正确的技术类型，而不是选择可用的最佳系统，这一点至关重要。不要根据花里胡哨的功能来选择你的系统，而要根据它能为你的业务带来什么价值来选择。鉴于我们环境的高度波动性，投资回报的回收期可能比内部收益率更重要。

在无数传统和新兴应用程序可供选择的情况下，选择合适的系统并不容易。最常见的传统应用程序类型包括核心操作系统、后端系统和前端系统。核心操作系统的实施可能是你数字化转型之旅的一个好的起点，因为它们为你的后端系统和前端系统提供了基础输入，但在实践中使用它们更具挑战性，因为它们需要调整以反映你业务的独特需求。大多数后端系统执行不同行业间常见的标准化流程。它们的主要目的是简化和自动化支持流程。相比之下，前端系统的重点是提升客户体验，同时拓展你的市场。

几种新兴的创新技术正在逐步进入主流，包括人工智能、物联网、区块链、云计算、虚拟现实和增强现实等。利用这些技术引领你的行业，可能会为你提供一个发展可持续竞争优势的良好平台，但用创新技术替换传统技术来做同样的事情不太可能产生任何有意义的结果。使用新兴技术的真正价值在于利用它们提供的机会，找到在你的行业中开展新业务的新颖和创新的方式。

成功的数字化转型涉及许多移动组件，但它应该导致一个单一的结果。这就是创造额外的影响力。最大的力量来源是知识。知识不仅让你洞察到你的内部组织绩效，还让你理解市场和行业动态的变化，以及利益相关方的行为、感受、情感和经历。知识让你有能力做出更好的决策，这不仅会改善你组织的财富，还会改善更广泛的社会背景。

如今的企业本质上是“数学组织”。那些在市场上蓬勃发展的企业是拥有最佳算法的企业，但在实践中，由于技术混沌导致的不确定性正在破坏这些算法形成的商业规则，这种现象正在演变。由于不确定性无法量化，因此无法对其进行建模。

明天的杰出组织将是那些成功地将人类的直觉和创造力（启发式能力）与算法的高效处理能力相结合、创造出协同智能的组织。通过协同智能，机器不会取代人类，而是与我们这些凡人共生共存，努力使我们的组织成为自己最好的版本。

技术的未来展望

你可能会认为，在今天的现代社会中，魔鬼很可能会通过技术来展现自己。确实，技术赋予那些控制它的人以狡猾的力量，这可能会非常危险。它让人们可以接触到数以万计的数据、知识和信息（大数据），而这些信息可以通过复杂的算法（人工智能）进行分析，然后用来影响人们的态度和行为。魔鬼还有什么想要的呢?

剑桥分析公司（The Cambridge Analytica）的丑闻仍然历历在目。该公司未经授权获取了数百万 Facebook 用户的个人数据，并有报道称，这些数据被用于影响 2016 年特德·克鲁兹和唐纳德·特朗普的总统竞选活动。剑桥分析公司还被指控利用这些数据影响英国脱欧公投的结果。

技术进步在政治、经济、社会和环境层面都留下了积极的全球影响。在大多数情况下，技术使我们的生活变得更加轻松和美好，但不要被误导。企业投资技术通常是为了制造混沌，从而为自己取得竞争优势以谋取利益。这么做无可厚非。事实上，对于大多数初创公司来说，这是建立成功企业的唯一途径。

在本书的前面部分，我谈到了技术混沌，以及如何有效地消除既有的商业规则以创造新的规则。每天，我都能听到有新技术被推向市场。并非所有新技术都是开创性的。事实上，大多数新技术都失败了，但也有一些例外不仅存活下来，而且成为新的黄金标准，为组织在市场中按不同规则竞争提供了机会。这些新技术被称为“颠覆性技术”，并成为工业 4.0 革命的一部分。

在实践中，尽管许多组织的领导者热衷于追赶潮流并投资颠覆性技术，但大多数人最终对结果感到失望。这并不奇怪，因为在我的经验中，大多数这些组织领导者只是用提供类似功能的颠覆性技术替换了传统技术，而没有意识到这些新兴技术如何为其商业模式带来颠覆性的机会。

如今，推向市场的新兴技术数不胜数。跟踪所有发展成果是一项不可能完成的任务，但没有人能否认，有些技术确实脱颖而出，并有可能在可预见的将来成为主流。

致谢

Acknowledgments

曾经有一段时间，我以为自己可以单打独斗取得成功——也许这是我犯过的最大的错误之一。据说，要成功，你需要被比你更优秀的人包围——这是我得到的最好的建议。如果没有 Mindy Gibbins-Klein 的帮助和支持，我无法完成这次旅程。她是我的导师，教我如何撰写一本思想领导力书籍。还有 Dr Natalia Wiechowski，她激励我从一个完全不同的视角看待商业。Silke Glaab 也为我指明了如何成为一个具有卓越思维能力、领导力和影响力的决策者。

我的工作还受到 Centigo 公司优秀同事的启发，他们都是各自领域的佼佼者，他们的帮助使我的学习能力达到极限。谢谢你们，Ray Nulty、Gabriel D'Arcy、Ragnar Agnell 和 David Riddell，你们真的是一股清流。

我珍视其他几位同事提供的建议，他们抽出时间，与我刚才提到的人一起，对本书的草稿进行了耐心的评审，包括 Philip Micallef、Kenneth Farrugia 和 Mario Saliba（自上学以来我们就是朋友）。他们的反馈，对于提高这本书的质量和为读者带来的价值具有极大的益处。我永远感激不尽。

我感谢 Rethink Press 对我的信任，感谢你们给我机会与全球的商业领袖分享我的声音。没有你们的帮助，我的信息将石沉大海。

最重要的是，我对我妻子 Ritienne 的感谢无以言表。她不仅在整个写作过程中一直支持我，还帮助我度过了我人生中一个非常困难的时期。我知道我永远可以依靠她。

感谢你们所有人，让我成为今天的我。你们的激励引领我踏上新的旅程，讲述一个需要被讲述的故事。